기독교문서선교회 (Christian Literature Center: 약칭 CLC)는 1941년 영국 콜체스터에서 켄 아담스에 의해 시작되었으며 국제 본부는 미국 필라델피아에 있습니다. 국제 CLC는 59개 나라에서 180개의 본부를 두고, 약 650여 명의 선교사들이 이동도서차량 40대를 이용하여 문서 보급에 힘쓰고 있으며 이메일 주문을 통해 130여 국으로 책을 공급하고 있습니다. 한국 CLC는 청교도적 복음주의 신학과 신앙서적을 출판하는 문서선교기관으로서, 한 영혼이라도 구원되길 소망하면서 주님이 오시는 그날까지 최선을 다할 것입니다.

겸손

Humility
Written by Andrew Murray
Translated by Chul-Sung Kang

All rights reserved.
Korean Edition Copyright © 2022 by Christian Literature Center, Seoul, Korea.

겸손

1994년 11월 15일 초판 1쇄 발행
2022년 5월 10일 개정판 1쇄 발행

지은이 | 앤드류 머레이
옮긴이 | 강철성

편집 | 정희연
디자인 | 박성준
펴낸곳 | (사)기독교문서선교회
등록 | 제16-25호(1980.1.18.)
주소 | 서울특별시 서초구 방배로 68
전화 | 02-586-8761~3(본사) 031-942-8761(영업부)
팩스 | 02-523-0131(본사) 031-942-8763(영업부)
이메일 | clckor@gmail.com
홈페이지 | www.clcbook.com

ISBN 978-89-341-2425-2 (04230)
ISBN 978-89-341-1844-2 (세트)

이 책의 저작권은 저자와 (사)기독교문서선교회가 소유합니다. 신저작권법에 의하여 한국 내에서 보호받는 저작물이므로 무단 전재와 무단 복제를 금합니다.

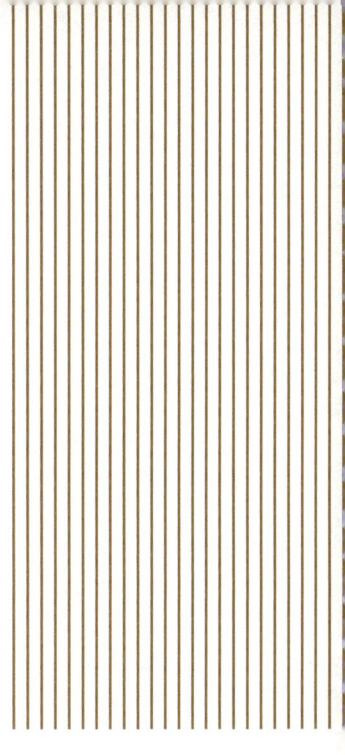

겸손

앤드류 머레이

CLC

목차

서문　6

제1장　피조물의 영광인 겸손　10

제2장　속죄의 비결인 겸손　18

제3장　예수님의 삶에 나타난 겸손　27

제4장　예수님의 가르치심에 나타난 겸손　36

제5장　예수님의 제자들에게 나타나는 겸손　47

제6장　일상생활에서의 겸손　56

제7장　겸손과 거룩　66

제8장　겸손과 죄　75

제9장　겸손과 믿음　84

제10장　겸손과 자아의 죽음　93

제11장　겸손과 행복　102

제12장　겸손과 영광　111

부록　121

겸손을 위한 기도　130

서문

우리가 겸손해야 할 수밖에 없는 세 가지 큰 동기가 있습니다.

첫째는 우리가 피조물이기 때문이고,
둘째는 죄인이기 때문이고,
셋째는 성도이기 때문입니다.

우리는 첫 번째 동기를 하늘의 천군 천사들에게서, 타락한 인간에게서, 인자 예수님에게서 봅니다.

두 번째 동기는 타락된 상태에 있는 우리에게 피조물로서의 우리의 바른 위치로 돌아갈 수 있는 유일한 길을 제시합니다.

세 번째 동기에서 우리는 은혜의 신비를 봅니다. 이 은혜의 신비는 우리가 압도적으로 큰 구속의 사랑에도 자신을 망각할 때 영원한 감사와 찬양을 드려야 하는 우리에게 겸손이 합당한 덕성이라는 사실을 우리에게 가르쳐 줍니다.

우리의 일상적인 신앙 교육에서 위의 두 번째 국면이 과도하게 부각되었기 때문에 우리가 겸손을 유지하려면 계속 죄를 범해야 한다는 극단적인 말을 하는 사람까지 있습니다. 또 어떤 사람들은 강한 자책이 겸손의 비결이라고 생각하기도 합니다.

우리는 무(無)가 되고 하나님께서 만유가 되시는 것이, 피조물인 우리에게 가장 자연스럽고 아름답고 복되다는 사실을 알도록 인도받지 못했기 때문에, 그리스도인의 삶이 큰 손실을 당하고 있습니다.

또한, 겸손하게 되는 이유가 죄 때문이 아니라 은혜 때문이라는 사실입니다. 그럼에도 신이시며 창조주이시며 구속주로서 놀라운 영광 중에 계신 하나님과 함께 죄인 된 우리가 사역할 때 하나님 앞에서 진정으로 가장 낮은 자리를 취해야 한다는 사실을 명확하게 지적하지 않은 것 역시 그리스도인의 삶이 손상받고 있는 또 다른 이유입니다.

이러한 사실들을 묵상하면서 나는 피조물인 우리에게 합당한 겸손에만 관심을 집중하게 되었습니다. 내가 일반적으로 관심을 갖지 않은 다른 점에 집중한 이유는 교회의 신앙 교육에서 겸손과 죄를 연관지어 너무 강조하기 때문만이 아니라, 풍성한 그리스도인의 삶을 위해 겸손이 필수불가결하다고 확신했기 때문입니다.

만일 그리스도의 겸손이 우리의 본이 되어야 한다면 우리는 겸손의 뿌리가 되는 원리들과 우리와 그리스도께서 함께하는 공동의 기반을 발견하는 원리들이 무엇인지, 그리고 그리스도를 닮을 수 있는 원리들은 무엇인지 이해할 필요가 있습니다.

우리가 진실로 하나님 앞에서뿐만 아니라 사람들에 대해서도 겸손해지려 한다면, 그리고 겸손이 우리의 기쁨이 되려면, 겸손이 죄로 말미암은 수치의 표적만이 아니라 죄와는 완전히 무관한 예수님과 하늘의, 아름답고 복된 옷을 입는 것이라는 사실을 반드시 알아야 합니다.

예수님께서는 종의 형체를 취하심을 영광스럽게 생각하시고, 우리에게 말씀하셨습니다.

> 너희 중에 누구든지 으뜸이 되고자 하는 자는 너희의 종이 되어야 하리라 마 20:27

모든 사람의 종과 돕는 자가 되는 것처럼 거룩하고 복된 일이 없다는 진리를 우리에게 가르쳐 주셨습니다. 자신의 지위를 잘 알고 있는 충성된 종은 자신의 주인이나 주인의 손님들을 시중드는 일에서 참된 기쁨을 얻습니다.

겸손이 통회와는 비교할 수 없이 무한하게 심오하다

는 것을 알고 겸손이 예수님의 삶에 우리가 참여하는 것으로 받아들일 때, 우리는 겸손이야말로 우리의 진정한 고결함이라는 사실과 모든 사람의 종이 되어 겸손을 증명하는 것이 하나님의 형상으로 창조된 우리의 운명을 가장 고귀하게 성취하는 것이라는 사실을 깨닫기 시작할 것입니다.

나 자신의 신앙 경험을 회고해 보거나 세계에 존재하는 그리스도의 교회를 둘러볼 때 나는 예수님의 제자의 두드러진 특징으로 겸손을 추구하는 노력이 심히 부족한 것에 놀라움을 금할 수 없습니다.

설교와 신앙생활에서, 가정과 사회생활의 일상적인 교제 관계에서, 그리고 그리스도인들과의 더욱 특별한 교제에서, 그리스도를 위한 사역의 계획과 실천에서, 겸손이 극히 중요한 덕성으로, 은혜가 증진할 수 있는 유일한 뿌리로, 예수님과 참된 교제에 있어 없어서는 안 될 유일한 조건으로 평가되지 않는다는 증거가 얼마나 많은지 슬픈 일이 아닐 수 없습니다.

높은 성결을 추구한다고 주장하는 사람들의 고백이 겸손의 증진을 수반하지 않는다는 비난을 받는다는 사실은 - 비록 그 비난의 진위에는 의심의 여지가 있다고 하더라도 - 온유와 겸손이 하나님이 온유하시고 겸손하신 어린 양을 따르는 사람들에 의해 알려져야 할 중요한 표적이라는 것을 입증합니다.

제1장 피조물의 영광인 겸손

그들이 자기의 관을 보좌 앞에 드리며 이르되
우리 주 하나님이여 영광과 존귀와 권능을 받으시는 것이
합당하오니 주께서 만물을 지으신지라 만물이 주의 뜻대로
있었고 또 지으심을 받았나이다 하더라 계4:11

하나님께서 우주를 창조하실 때 한 가지 목적을 가지고 계셨습니다. 그것은 피조물이 자신의 완전하심과 축복에 참여하게 함으로 그들 가운데 자신의 사랑과 지혜와 권능을 나타내시려는 목적이었습니다.

하나님께서는 피조물들과 교통하심을 통해 하나님 자신의 자비와 영광을 충만히 베푸심으로 그들 가운데, 그리고 그들을 통하여 자신을 나타내기 원하셨습니다. 그러나 이 교통을 통하여 하나님께서 피조물들에게 주시는 것은 그들 스스로 소유할 수 없는 것이었고, 또한 그들 마음대로 할 수 있는 것이 결코 아니었습니다. 하나님께서는 영원무궁토록 살아 역사하시며 능력의 말씀으로 만물을 다스리시는 분이시며, 만물은 하나님 안에서 존재하고 있습니다.

그러므로 피조물의 하나님과의 관계는 부단하고 절대적인 의존 관계일 수밖에 없습니다. 진실로 피조물은 하나님의 능력으로 창조되었기 때문에 하나님께서 순간마다 바로 그 동일한 능력으로 붙들어 주시지 않으면 안 되는 것입니다. 피조물은 자신이 최초에 존재한 때를 돌이켜 보아야 할 뿐만 아니라 하나님께 모든 은덕을 입고 있다는 것을 인식할 필요가 있습니다.

현재의, 그리고 영원토록 피조물의 주된 관심과 최고의 미덕과 유일한 행복은 하나님께서 자신 안에 거하시사 하나님의 능력과 선하심을 나타내실 수 있도록 자신을 비우는 것입니다.

하나님께서 주시는 생명은 한 번 주심으로 끝나는 것이 아니라 하나님의 끊임없는 권능의 역사하심 가운데 순간마다 계속해서 전달되고 있습니다. 이같이 만물의 본질에서 볼 때 하나님께 대한 전적인 의존인 겸손은 피조물의 첫 번째 의무이자 최고의 미덕이며, 모든 도덕의 기초인 것입니다.

따라서 교만함, 곧 이 겸손의 상실은 모든 죄악의 근원인 것입니다. 타락한 천사들이 자기도취에 빠지기 시작하여 불순종함으로 빛난 천국으로부터 어두운 바깥으로 쫓겨나게 된 것이 바로 겸손을 상실한 때였습니다. 또한, 뱀이 자신의 교만의 독-곧 하나님처럼 되고자 하는 욕망-을 우리의 첫 조상들의 마음속에 불어넣음으로 그들 역시 그 높은 신분에서 지금 인간이 빠져 있는 이 모든 비참함 속으로 빠져들게 된 것도 바로 겸손을 상실했기 때문이었습니다.

하늘에서나 땅에서나 스스로 높아지려는 교만은 지옥의 문이며, 지옥의 시작이며 지옥의 저주인 것입니다(부록 ❶을 보십시오). 잃었던 겸손의 회복, 즉 피조물이 하나님과 원래의 바른 관계를 회복하는 것 외에는 아무것도 우리의 구원이 될 수 없습니다. 예수님께서 이 땅에 오신 이유는 바로 겸손을 우리에게 돌리심으로 우리가 겸손에 동참하게 함으로 우리를 구원하시기 위함이었습니다.

예수님께서는 겸손하게 자신을 낮추시사 인간이 되셨습니다. 우리가 예수님에게서 보는 겸손은 예수님께서 천국에 계실 때부터 갖고 계셨던 겸손이었습니다. 이 겸손이 예수님으로 하여금 이 땅에 오시게 하였고 또한 예수님께서는 이 겸손을 천국으로부터 이 땅으로 갖고 오셨습니다. 이 땅에서 예수님께서는 "자기를 낮추시고 죽기까지 복종"하셨습니다. 빌 2:8 예수님의 겸손은 예수님의 죽으심에 가치를 부여하였고, 우리의 구원이 되었습니다.

따라서 예수님께서 우리에게 주시는 구원이란 다름 아닌 예수님 자신의 삶과 죽으심, 예수님 자신의 성품과 정신, 즉 예수님의 하나님과의 관계의 근본이며 예수님의 구원의 역사의 근원인 예수님 자신의 겸손을 전달하시는 것입니다. 예수님께서는 피조물인 인간의 형체를 취하시고 완전한 겸손의 삶을 사심으로 인간의 운명을 완수하셨습니다. 예수님의 겸손은 곧 우리의 구원이고, 예수님의 구원은 곧 우리의 겸손입니다.

그러므로 구원받은 성도의 삶은 죄로부터 해방되어 원래의 상태로 회복되었다는 증거 - 그들의 삶에 고루 퍼져 있는 겸손으로 특징지어지는 하나님과의, 그리고 이웃들과 완전한 관계-를 나타내어야 합니다.

이 증거가 없다면 진정한 하나님의 임재하심 안에 거함은 있을 수 없고, 또한 하나님의 은총과 성령의 능력의 진정한 경험은 있을 수 없습니다. 이 증거가 없다면 변치 않는 믿음, 사랑, 기쁨 그리고 능력은 존재할 수 없습니다.

겸손은 은혜가 뿌리를 내리는 유일한 토양입니다. 겸손의 결여는 모든 결점과 실패를 충분하게 설명해 줍니다. 겸손은 여러 가지 장점이나 미덕 중의 하나라기보다는 모든 장점이나 미덕의 근본입니다. 왜냐하면, 겸손함으로만 이 하나님 앞에서 바른 자세를 가질 수 있고 하나님을 전능의 하나님으로 인정할 수 있기 때문입니다.

하나님께서 우리를 이성적인 존재로 지으셨기 때문에 우리가 우리의 본성과 겸손이라는 명령의 절대적인 필요성을 깊이 통찰하면 할수록 더욱 기쁘게, 그리고 더욱 완전하게 겸손에 순종하게 될 것입니다. 교회에서 겸손의 필요성을 중시하지 않은 것이 사실인데 그 이유는 겸손의 본질과 중요성을 인식하지 못했기 때문입니다.

겸손은 우리가 하나님께 드리거나 하나님께서 주시는 것이 아닙니다. **겸손은 우리의 완전히 무익함을 깨닫는 의식입니다. 이 의식은 하나님께서 참으로 만유가 되신다는 것을 우리가 깨달을 때 생겨나는 것이며, 우리로 하

여금 만유가 되시는 하나님께로 나아가게 하는 의식입니다. 피조물이, 겸손이 참으로 고귀한 것임을 깨닫고, 자신의 마음과 뜻과 정성을 다하여 겸손하기로 동의하고, 또한 하나님의 생명과 영광이 역사하고 나타나는 도구가 되기로 동의할 때, 그는 겸손이란 다름 아닌 피조물로서의 자신의 진정한 위치를 인정하고 하나님께 하나님의 자리를 바치는 것이라는 사실을 알게 됩니다.

성결한 삶을 추구하고 생활로 거룩함을 고백하는 신실한 그리스도인들의 삶에서 겸손은 그들의 고결함을 나타내는 가장 중요한 표적이 되어야 합니다. 그러나 우리는 자주 이 사실을 부정하는 말을 듣습니다.

그 이유는 교회가 마땅한 최고의 중요성으로 겸손을 전혀 가르치지 않았고 또한 모범을 보여 오지 않았던 것이 아닐까요?

또는 이 진리를 게을리 여기는 것이 이유가 아닐까요?

비록 죄가 겸손을 요구하는 강력한 동기이지만, 그보다 더 넓고 더 큰 영향력을 갖는 겸손의 동기가 있는데도 말입니다. 천사들을 그처럼 겸손하게 하고, 우리 주님을 그처럼 겸손하시게 했고, 천국의 성도들을 그토록 겸손하게 만드는 동기가 있는데도 말입니다.

피조물의 관계에 있어 첫째되고 가장 중요한 특징이며 피조물이 축복받는 비결이 하나님께서 자유롭게 만유가 되시도록 맡기는 이 겸손이라는 진리를 태만하게 여기는 것이 이유가 될 수 있을까요?

나는 이 점에 있어서 나의 경험과 매우 유사한 경험을 고백하는 많은 그리스도인이 있을 것이라고 확신합니다. 즉 우리가 오랫동안 주님을 알아 왔음에도 불구하고 마음의 온유와 겸손이 우리 주님의 특징이었던 것처럼 제자의 두드러진 특징이라는 사실을 깨닫지 못했다는 경험의 고백입니다.

더 나아가 이 겸손이 저절로 생겨나는 것이 아니라 특별한 소망과 기도와 믿음과 실천의 대상이 되어야 한다는 사실을 깨달아야 합니다. 말씀을 연구함으로 우리는 예수님께서 매우 명백하게, 그리고 자주 반복하여 제자들에게 이 점에 대하여 어떤 교훈을 하셨으며, 또한 그들이 예수님을 얼마나 더디게 이해했는가를 알게 될 것입니다.

우리가 말씀 묵상을 시작할 때 교만이 인간의 본성임에도 불구하고 우리의 시야에서 음흉하게 감추어져 있으며, 이보다 더 다루기 힘들고 위험한 것이 없다는 사실을 인정하도록 합시다.

마음을 굳게 하고 참을성 있게 하나님과 그리스도를 기다리며 섬기는 것 외에 다른 방법으로는 겸손이라는 미덕에 있어서 우리가 얼마나 부족한지, 그리고 우리가 마땅히 구해야 하는 것을 얻는 데 있어서 얼마나 무능한지를 깨닫지 못한다는 것을 느끼도록 합시다.

우리의 영혼이 그리스도의 겸손을 사랑함과 사모함으로 가득 찰 때까지 그리스도의 이 성품을 연구합시다. 그리고 우리의 교만함을 깨닫고, 또한 이 교만을 몰아내지 못하는 우리의 무능함을 깨닫고 주님 앞에 무너질 때, 예수 그리스도 자신께서 친히 오셔서 우리 안에 전달하시는 자신의 놀라운 생명의 일부분으로 이 겸손의 미덕까지 전달하신다는 것을 믿읍시다.

제2장 속죄의 비결인 겸손

너희 안에 이 마음을 품으라 곧 그리스도 예수의 마음이니
그는 근본 하나님의 본체시나 하나님과 동등됨을 취할 것으로
여기지 아니하시고 오히려 자기를 비워 종의 형체를 가지사
사람들과 같이 되셨고 사람의 모양으로 나타나사 자기를
낮추시고 죽기까지 복종하셨으니 곧 십자가에 죽으심이라 빌 2:5-8

뿌리가 없는 나무는 자랄 수가 없습니다. 그리고 나무가 존재하려면 그 나무를 존재하게 하는 씨앗 속의 생명이 있어야만 합니다. 첫째 아담과 둘째 아담에 대한 이 진리의 적용은 우리로 하여금 예수 그리스도 안에서 이루어지는 속죄의 본질과 필요성을 이해하는 데 큰 도움이 될 수 있습니다.

교만함으로 인하여 천국에서 쫓겨난 옛 뱀, 악마의 본성인 교만을 가진 옛 뱀은 하와의 귓속에 유혹의 말을 속삭이면서 지옥의 독까지 함께 불어 넣었습니다. 그리고 하와가 선악을 아는 데 있어 하나님과 같이 되고 싶다는 욕망과 의지에 굴복했을 때 그 독은 하와의 영혼과 생명 속으로 들어와서 우리의 영원한 행복이 되었을 겸손과 하나님께 대한 의존을 영원히 파괴해 버리고 말았습니다.

그리하여 하와의 생명뿐만 아니라 하와로부터 이어지는 인류의 생명까지 그 뿌리에서부터 부패하게 되어 행복 대신 모든 죄악과 저주 중에 가장 무서운 것, 즉 사탄 자신의 교만의 독을 갖게 되었습니다.

이 세상에 나타나는 모든 비참함과 민족들 간의 모든 전쟁과 피 흘림, 모든 이기심과 고통, 모든 야심과 질투, 모든 상한 심령과 괴로운 삶은 우리가 매일 만나는 모든 불행과 함께 바로 우리 자신의, 또는 다른 사람들의 이 가증스럽고 끔찍한 교만으로 인하여 생겨나는 것입니다. 바로 이 교만 때문에 속죄가 필요한 것입니다. 우리가 다른 무엇보다 속죄를 받아야 하는 이유가 바로 우리의 교만함 때문입니다. 그리고 속죄의 필요성에 대한 우리의 인식은 우리가 우리 자신 속에 들어와 있는 이 교만이라는 권세의 무서운 본성에 대해 얼마나 알고 있는가에 따라 크게 좌우됩니다.

나무는 그 뿌리에 의존하여 자랄 수밖에 없습니다. 사탄이 지옥에서 가져와서 인간의 생명에 집어넣은 그 무서운 세력은 이 세상 전체에서 매일, 매시 무서운 힘을 가지고 활동하고 있습니다. 인간들은 그로 인해 고통을 당하고 있고, 그들은 이 세력을 두려워하며, 이 세력으로부터 도망치려 하고 있습니다.

그렇지만 인간들은 이 세력이 어디서 오는지, 그 무시무시한 주권을 어디에서 갖고 있는지 알지 못합니다. 그러므로 사람들이 어디에서, 그리고 언제 교만을 이길 수 있는지 알지 못하는 것은 이상한 일이 아닙니다.

교만은 무서운 영적 세력에 그 근원을 두고 있습니다. 이 영적 세력은 우리의 안과 밖 모두에 존재하고 있습니다. 우리는 교만을 우리 자신의 본성으로 고백하고 애통할 필요가 있을 뿐만 아니라, 그 사탄적인 기원을 알아야 합니다. 이 사실을 깨달을 때 우리는 교만을 정복하여 몰아낼 수 없다는 절망의 탄식을 발할 수밖에 없습니다.

그러나 이 사실로 인해 우리는 곧바로 우리의 구원을 유일하게 발견할 수 있는 초자연적인 능력이 하나님의 속죄라는 사실로 인도될 것입니다. 우리 안에 존재하는 자아와 교만을 대항하고자 하는 무익한 투쟁은 우리가 이 모든 것의 배후에 있는 흑암의 세력을 생각할 때 더욱 무익하게 될 수밖에 없습니다. 그러나 이 완전한 절망은 우리 자신의 것이 아닌 능력과 생명 – 곧 사탄과 사탄의 교만을 몰아내기 위하여 하나님의 어린 양에 의해 우리에게 전달된 천국의 겸손 – 을 깨닫고 받아들이는 것을 더 합당하게 할 것입니다.

나무는 그 뿌리에 의존하여 자랄 수밖에 없습니다. 우리는 우리 자신 안에 존재하는 죄의 권세를 알기 위하여 첫 아담과 그의 타락을 돌아 보아야 합니다. 그러나 또한 우리는 교만의 삶 못지않게 실재적이고 영속적이고 압도적인 겸손의 삶을 우리 안에 주시는 둘째 아담과 그분의 능력을 잘 알아야 할 필요가 있습니다.

우리는 아담에게서 받은, 그리고 아담 안에 있는 우리의 생명 못지않은, 아니 그보다 훨씬 더 강력한 생명을 그리스도에게서 받아, 그리스도 안에서 소유하고 있습니다. 우리는 그리스도 안에 뿌리를 박고 행해야 합니다.

> 그는 모든 통치자와 권세의 머리시라 … 온 몸이 머리로 말미암아 마디와 힘줄로 공급함을 얻고 연합하여 하나님이 자라게 하시므로 자라느니라 골 2:10, 19.

성육신 가운데 인성 속에 들어온 하나님의 생명은 우리가 그 위에 서서 자라야 할 뿌리입니다. 우리 안에서 매일 역사하는 이 생명은 그리스도 안에서 역사하였고, 부활로 이어졌던 것과 동일한 전능의 능력입니다. 우리는 그리스도에게서 계시된 이 생명을 배우고 알고 의지해야 합니다. 이제 이 생명은 우리의 소유가 되어 우리의 존재 전체를 소유하여 다스리는 데 우리가 동의하기를 기다리고 있습니다.

그렇기 때문에 그리스도께서 어떤 분이시며, 무엇이 그리스도라는 분을 이루고 있는지, 특별히 그리스도의 가장 중요한 특성이 무엇인지, 우리의 구속자로서의 그리스도의 모든 특성의 본질이 무엇인지에 대해 바른 생각을 갖는 것은 말할 수 없이 중요합니다.

그러면 그 특성의 본질은 무엇일까요?

이에 대한 해답은 오직 한 가지밖에 있을 수 없는데, 바로 그리스도의 겸손입니다.

성육신이란 그리스도께서 자신을 비우시고 인간이 되신 겸손 이외에 또 무엇이겠습니까?

그리스도의 지상 생활은 종의 형체를 입으신 겸손

이외에 또 무엇이겠습니까?

그리고 그리스도의 대속이 바로 겸손이 아닙니까?

그리스도께서는 "자기를 낮추시고 죽기까지 복종하셨습니다."

또한 그리스도의 승천과 영광이 바로 보좌로 높임을 받고 영광의 면류관을 받은 겸손이 아닙니까?

그리스도께서 자기를 낮추심으로 하나님께서 그를 지극히 높이셨던 것입니다. 골 2:9

그리스도께서는 하나님 아버지와 함께 계셨던 천국에서나, 탄생에 있어서나, 지상에서의 생애에서나, 죽으심에 있어서나, 천국 보좌에 앉으심에 있어서나, 또한 언제, 어느 때를 막론하고 오직 겸손뿐이셨습니다. 그리스도께서는 인성으로 구현된 하나님의 겸손이십니다. 곧 영원한 사랑께서 우리 인간을 구원하고 섬기기 위하여 자신을 낮추시사, 겸손과 온유로 옷 입으셨습니다.

하나님의 사랑과 겸손이 예수님으로 하여금 모든 사람에게 은혜를 베풀고 모든 사람을 도와주는 종이 되게 함으로 예수님께서는 필연적으로 겸손의 성육신이 되셨던 것입니다. 그리고 예수님께서는 지금도 하나님의 보좌 우편에서 온유하고 겸손한 하나님의 어린양으로 계십니다.

만일 이 예수님께서 나무의 뿌리라면 그 뿌리의 본성은 모든 가지와 잎과 열매에 나타나야 합니다. 겸손이 예수님의 생애에 있어 으뜸되는 미덕이고 모든 것을 포함하는 미덕이라면, 그리고 예수님의 대속의 비밀이 겸손이라면, 우리의 건강하고 힘 있는 영적 생활은 우리도 이 미덕을 으뜸으로 내세우느냐 아니냐에 전적으로 달려 있을 것입니다.

또한, 겸손은 그리스도에게서 우리가 가장 사모하는 성품이 되어야 하며, 우리가 주님에게서 구하는 가장 중요한 사항이 되어야 하며, 우리가 이를 위해 다른 모든 것을 희생하는 것이 되어야 합니다(부록 ❷를 보십시오).

바로 그리스도인의 삶의 뿌리인 겸손이 무시되고 망각 됨으로, 그리스도인의 삶이 너무나 자주 연약해지고 열매 없는 삶이 되는 것이 놀라운 일이 아닙니까?

그리스도께서 겸손하심으로 획득하셔서 우리에게 주시는 구원의 기쁨을 거의 찾지 않아서 그리스도인이 구원의 기쁨을 거의 느끼지 못하는 것이 이상한 일이 아닐까요?

자아가 완전히 죽는 곳에 거하는 겸손, 예수님께서 행하신 바와 같이 오직 하나님께로부터 오는 영광만을 구하여 인간의 모든 영광을 포기하는 겸손, 하나님께서 모든 것이 되시고 주님만이 존귀하심을 얻도록 하기 위하여 자신을 완전히 무가치한 것으로 여기는 겸손, 참으로 그런 겸손이 우리가 우리의 가장 큰 기쁨보다 더 추구하는 것이 되고, 어떤 희생을 치르고라도 얻으려 하는 것이 되지 않는다면, 기독교가 세상을 정복할 소망은 거의 없다고 해도 과언이 아닙니다.

만일 독자 여러분이 자신에게나 주위의 부족한 겸손에 대해 전혀 특별한 관심을 가진 적이 없거나, 하나님의 어린양의 이름으로 부름을 받은 사람들에게서 그분의 온유하고 겸손한 정신을 많이 보기를 고요히 구한 적이 없다면 여러분에게 그렇게 하라고 아무리 간절히 권해도 무리가 아닐 것입니다.

모든 사람이 얼마나 사랑이 부족한지, 얼마나 다른 사람들의 요구와 감정과 연약함에 대하여 무관심한지 생각해 봅시다. 종종 바르고 정직하다는 구실로 다른 사람들을 판단하고 중상을 퍼뜨리는 데는 얼마나 신랄하고 신속한지요!

모든 울화와 성마름과 분노의 표현, 모든 몰인정하고 원한에 찬 감정들, 이 모든 것들은 언제나 자신의 유익만을 찾는 교만에 그 뿌리를 두고 있습니다. 우리는 음울한 교만이 — 나는 이 교만을 차마 마귀의 교만이라고 말하지 않으려고 합니다 — 거의 모든 곳에 침투해 들어오고 있는 것을 눈을 뜨고 봐야 합니다.

여기에는 성도들의 모임도 예외가 아닙니다. 진실로 신자들이 항상 예수님의 겸손에 의해 인도받는다면 — 유감스럽게도 그러하지 못하지만 — 그 결과가 어떠할지 우리 자신에게, 주위 사람들에게 그리고 동료 성도들과 세상을 향해 질문해 봅시다. 그리고 우리의 심령을 다하여 "우리 자신 안에, 그리고 우리 주위에 예수님의 겸손이 있게 하소서"라고 밤낮으로 부르짖지 않을 수 있을지 말해 봅시다.

그리스도의 삶과 그리스도의 구속의 전체 특성에 계시된 겸손이 우리 자신에게 얼마나 부족한지 정직하게 생각해 봅시다. 그럴 때 우리는 우리 자신이 사실상 아직 그리스도께서 어떤 분이신지 전혀 몰랐고, 또한 그리스도의 구원이 어떤 것인지 전혀 몰랐었다는 사실을 느끼기 시작할 것입니다.

성도 여러분!

예수님의 겸손을 배우십시오. 바로 이 겸손이 여러분의 구원의 비밀이며 눈에 보이지 않는 근원입니다. 매일매일 겸손 속에 깊이 몸을 잠그십시오. 하나님께서 여러분에게 주신 그리스도께서, 신령한 겸손으로 여러분을 위해 역사하신 그리스도께서 여러분 속에 거하시기 위하여 들어오사 역사하심으로 여러분을 하나님 아버지께서 원하시는 사람으로 만드실 것을 진심으로 믿으십시오.

제3장 예수님의 삶에 나타난 겸손

나는 섬기는 자로 너희 중에 있노라 눅 22:27

■ ■ ■

요한복음에서 우리는 우리에게 제시된 우리 주님의 내면적 생활을 봅니다. 예수님께서는 자주 하나님 아버지와 자신의 관계에 대해, 예수님께서 인도받는 동기들에 대해, 예수님께서 갖고 행하시는 능력과 정신에 대한 자신의 자각에 대해 말씀하십니다.

비록 겸손이라는 말은 나오지 않지만, 성경의 다른 곳보다 요한복음에는 예수님의 겸손이 가장 명확하게 제시되고 있습니다. 앞에서 우리는 이미 이 겸손이라는 미덕이 다른 것이 아니라 하나님께서 모든 것이 되심에 대한 피조물의 단순한 동의이고, 하나님께서 홀로 역사하심에 대해 피조물이 순복하는 것이라고 말한 바 있습니다. 예수님에게서 우리는 하늘에서는 하나님의 아들로, 땅에서는 인간으로 완전한 복종의 자리를 취하고 자신에게 돌려지는 모든 존귀와 영광을 하나님께 드리는 모습을 보게 됩니다.

그리고 예수님께서 자주 가르치신 "자기를 낮추는 자는 높아질 것이라"는 교훈은 예수님 자신에게 이루어졌으니, 기록된 바와 같이 예수님께서 "자기를 낮추시고 죽기까지 복종하셨으니 … 하나님께서 그를 지극히" 높이신 것입니다.

우리 주님께서 하나님 아버지와 자신의 관계에 대해 하시는 말씀들에 귀를 기울여 끊임없이 자신을 아무것도 아니라고 부인하고 계신지 보십시오. 바울이 자신과 그리스도와의 관계에 대하여 말하며 자신을 아무것도 아니라고 표현하는 것은 바로 그리스도께서 하나님 아버지와 자신의 관계를 말씀하시는 정신이었습니다.

> 아들이 … 아무것도 스스로 할 수 없나니 요 5:19

> 내가 아무것도 스스로 할 수 없노라 듣는 대로 심판하노니 나는 나의 뜻대로 하려 하지 않고 나를 보내신 이의 뜻대로 하려 하므로 내 심판은 의로우니라 요 5:30

> 나는 사람에게서 영광을 취하지 아니하노라 요 5:41

> 내가 하늘에서 내려온 것은 내 뜻을 행하려 함이 아니요 요 6:38

> 내 교훈은 내 것이 아니요 요 7:16

> 내가 스스로 온 것이 아니니라 요 7:28

> 내가 스스로 아무것도 하지 아니하고 요 8:28

나는 스스로 온 것이 아니요 아버지께서 나를 보내신
것이니라 요 8:42

나는 내 영광을 구하지 아니하나 … 요 8:50

내가 너희에게 이르는 말은 스스로 하는 것이 아니라
요 14:10

너희가 듣는 말은 내 말이 아니요 요 14:24

　이 말씀들은 그리스도의 삶과 활동의 가장 깊은 근원들을 우리에게 제시해 줍니다. 이 말씀들은 전능하신 하나님께서 그리스도를 통하여 놀라운 구속의 역사를 이루셨던 것이 어떻게 가능하였던가를 우리에게 설명해 주는 것입니다. 이 말씀들은 하나님의 성자로서의 마음 상태에 대하여 그리스도께서 어떻게 생각하셨는지를 보여 줍니다. 또한, 이 말씀들은 그리스도께서 완성하사 이제 우리에게 전달해 주고 계시는 구속의 본질과 구속의 삶이 무엇인지를 우리에게 가르쳐 줍니다.

　그러면 구속의 본질과 구속의 삶이란 무엇일까요?

　하나님께서 모든 것이 되시도록 하기 위하여 그리스도 자신께서는 아무것도 되지 않는 것이었습니다. 성자께서는 성부께서 자신 가운데서 역사하시도록 하기 위해 자신을 성부의 뜻과 권능에 맡기셨습니다. 자신의 능력, 자신의 뜻, 자신의 영광, 자신의 역사와 가르침과 더불어 자신의 사역 전체, 이 모든 것에 대해 "그것은 내가 아니라, 나는 아무것도 아니라, 나는 일하시는 아버지께 나 자신을 드렸노라, 나는 아무것도 아니고 아버지께서 모든 것이라"고 거듭 말씀하셨습니다.

그리스도께서는 이 완전한 자기 포기, 절대적인 복종과 아버지의 뜻에 대한 의존의 삶이 완전한 평안과 기쁨의 삶이라는 것을 발견하셨습니다.

그리스도께서 이렇게 하나님께 모든 것을 드림으로 잃은 것이 무엇일까요?

아무것도 잃은 것이 없습니다. 왜냐하면, 하나님께서 그를 존귀하게 하셨고, 그를 위해 모든 일을 행하셨고, 자신의 우편 자리로 영광스럽게 높이셨기 때문입니다. 그리스도께서는 이렇게 하나님 앞에서 자신을 낮추심으로 하나님께서 항상 그의 앞에 계셨기 때문에 사람들 앞에서도 자신을 낮추시고 모든 사람의 종이 될 수 있으셨습니다.

그리스도의 겸손은 주위의 사람들이 자신에 대해 무슨 말을 하든지 무슨 일을 행하든지 관계치 않고 하나님께서 기뻐하시는 일을 자신 안에서 행하시도록 하나님께 복종하시는 것이었습니다.

그리스도의 구속은 바로 이 마음의 상태, 이 정신과

성품으로 효능과 효과를 가지게 된 것입니다. 우리가 그리스도의 참여자가 된다는 것은 바로 이 성품이 우리에게 전해지는 것입니다. 이 성품이 우리 구주께서 우리에게 요구하시는 진정한 자기 부정이니, 곧 우리 자신에게는 하나님께서 채워주셔야만 하는 빈 그릇 외에는 선한 것이 전혀 없음을 인정하고 우리 자신이 무엇이 되겠다거나 무엇을 행하겠다고 요구하는 것은 일순간도 허용돼서는 안 된다는 사실을 인정하는 것입니다.

하나님께서 모든 것이 되시기 위해 우리는 무엇보다도 우선하여 우리 자신의 존재와 행위를 그리스도의 본성에 순응시켜야 합니다. 여기에서 우리는 참된 겸손의 근원과 본질을 봅니다. 인간의 겸손이 그처럼 형식적이고 빈약한 이유는 이 참된 겸손의 근원과 본질을 이해하지 못하고, 또한 그것을 추구하지 않기 때문입니다.

우리는 예수님에 대하여, 예수님께서 얼마나 온유하고 겸손한 심령을 소유하셨는지 배워야 합니다. 예수님께서는 참된 겸손이 어디에서 솟아나고 어디에서 그 힘을 얻는가에 대한 지식을 우리에게 가르쳐 주십니다. 이 지식이란 만물 가운데에서 모든 역사를 행하시는 분이 하나님이시고, 우리 자신은 아무것도 아니고 아무 일도 할 수 없다는 것을 깊이 느끼고 완전한 자기 포기와 의존 가운데 하나님께 복종해야 한다는 것을 아는 것입니다. 그리스도께서 우리에게 보여 주시고 전해 주려고 오신 삶이 바로 이렇게 죄와 자아의 죽음을 통해 하나님께로 나아가는 삶이었습니다.

만일 우리가 이러한 삶이 우리에게 너무 숭고하여 우리로서는 이룰 수 없다고 느낀다면 우리는 그리스도 안에서 이 삶을 얻으려는 더욱 간절한 심정이 될 것입니다. 이 온유하고 겸손한 삶을 사는 사람은 우리 안에 거하시는 그리스도이십니다.

만일 이 생명 얻기를 간절히 원한다면 우리는 무엇보다 먼저 순간순간마다 만물 가운데에서 역사하고 계시는 하나님의 속성에 대한 비밀의 지식을 구해야 합니다. 모든 자연과 모든 피조물, 특별히 모든 하나님의 자녀가 증거자가 되는 이 비밀의 지식이란 하나님께서 자신의 풍성한 지혜와 능력과 선하심을 모든 피조물을 통해 나타내고 계시며, 따라서 피조물은 살아 계신 하나님의 그릇이며, 통로에 불과하다는 것입니다.

모든 미덕과 은혜의 근원, 모든 믿음과 하나님께서 받으시는 예배의 근원은 우리가 하나님께 받지 않은 것이 아무것도 없으므로 이로 인하여 하나님께 가장 겸손하게 경배하며 섬겨야 한다는 것을 아는 것입니다. 예수님의 겸손의 생활은 하나님에 대해 생각할 때에만 깨어나 실천으로 옮겨지는 일시적인 감상이 아니라 삶 전체를 지배하는 정신이었습니다.

그러므로 예수님께서는 사람들과의 관계에서도 하

나님과의 관계와 똑같이 겸손하셨던 것입니다. 예수님께서는 자신을 하나님께서 창조하시고 사랑하시는 인간들을 위한 하나님의 종이라고 생각하셨습니다. 그리고 그 당연한 결과로 예수님께서는 스스로를 인간들의 종, 곧 자신을 통해 하나님께서 사랑의 역사를 행하시도록 하는 인간들의 종으로 여기셨습니다.

예수님께서는 한순간도 자신의 영광을 구하거나 자신의 입장을 옹호하기 위하여 자신의 능력을 역설하려는 생각을 하신 적이 없었습니다. 예수님의 정신은 자신을 통해 역사하시는 하나님께 복종하는 삶으로 가득 차 있었습니다.

예수님의 이 겸손은 예수님의 구속의 본질과 핵심이며, 하나님의 성자의 복되신 삶 자체이고, 하나님 아버지와의 유일한 참된 관계입니다. 따라서 우리가 예수님의 일부분이 될 때 예수님께서 분명히 이 겸손을 우리에게 주신다는 사실을 배울 때, 이 하늘에 속한 실재적이며 분명한 겸손이 결여되었다는 무서운 현실은 무거운 부담과 슬픔이 될 것입니다. 우리는 우리 안에 계신 그리스도의 첫째되고 가장 중요한 표적인 이 겸손을 확실히 얻기 위해 평범하고 미지근한 신앙을 버릴 것입니다.

형제, 자매 여러분!

여러분은 겸손의 옷을 입고 있습니까?

여러분의 매일의 삶을 살펴보십시오. 예수님께 여쭈어 보십시오. 여러분의 친구에게 물어보십시오. 세상에 물어보십시오. 그리고 여러분이 알지 못했던 하늘의 겸손을 예수님 안에서 여러분에게 허락하심으로 인하여, 여러분이 아직 맛보지 못했던 하늘의 축복이 여러분에게 임할 수 있음으로 인하여 하나님을 찬양하십시오!

제4장 예수님의 가르치심에 나타난 겸손

나는 마음이 온유하고 겸손하니…내게 배우라 마 11:29

너희 중에 누구든지 으뜸이 되고자 하는 자는
너희의 종이 되어야 하리라 마 20:27

◼ ◼ ◼

우리는 예수님께서 우리에게 밝히신 예수님의 마음과 삶에서 겸손을 보았습니다. 이제부터 우리는 예수님의 가르치심에 귀를 기울이고자 합니다. 그 가르치심들에서 우리는 예수님께서 겸손에 대해 어떻게 말씀하시고, 자신께서 겸손하셨던 것과 같이 겸손할 것을 사람들에게, 특별히 자신의 제자들에게 얼마만큼의 기대를 하시는지 듣게 될 것입니다.

이제 나는 예수님의 몇몇 가르치심을 인용하고자 합니다. 이 예수님의 말씀 그대로의 인용보다 내가 더 잘 설명할 수는 없습니다. 그래서 예수님께서 매우 자주, 그리고 매우 간절하게 가르치신 말씀들을 주의 깊게 연구함으로 감동을 받아 보세요. 이 성경 말씀들은 예수님께서 우리에게 요청하시는 바를 깨닫는 데 도움이 될 것입니다.

1. 먼저 예수님께서 공적 사역을 시작하실 때를 살펴보겠습니다.

예수님께서는 산상수훈 중 팔복의 말씀에서 이렇게 말씀하십니다.

> 심령이 가난한 자는 복이 있나니 천국이 그들의 것임이
> 요 … 온유한 자는 복이 있나니 그들이 땅을 기업으로
> 받을 것임이요 마 5:3, 5

예수님께서 천국에 대해 선포하신 최초의 말씀은 우리가 들어가야 하는 유일한 문을 제시합니다. 가난한 사람들, 곧 아무것도 가진 것이 없는 사람들에게 천국이 임하는 것입니다. 그리고 온유한 사람들, 곧 스스로를 위해서 아무것도 구하지 않는 사람들, 그들은 땅을 기업으로 받을 것입니다. 하늘과 땅의 축복들은 겸손한 자들을 위한 것입니다. 겸손은 천국 생활에 있어서나 이 땅의 생활에 있어서나 축복을 받는 비결인 것입니다.

2. 예수님께서는 자신을 선생님으로 제시하십니다.

> 나는 마음이 온유하고 겸손하니 나의 멍에를 메고 내게
> 배우라 그리하면 너희 마음이 쉼을 얻으리니 마 11:29

예수님께서는 우리가 선생님이신 예수님에게서 발견할 수 있는 정신, 그리고 우리가 예수님에게서 배우고 본받을 수 있는 정신 모두를 설명해 주시는데, 바로 온유와 겸손입니다. 여기에서 우리는 영혼의 완전한

안식을 얻을 수 있습니다. 겸손은 곧 우리의 구원인 것입니다.

3. 제자들은 누가 천국에서 가장 큰 자가 될 것인가에 대해 논쟁을 벌이다가 주님께 문의해 보기로 했습니다. 눅 9:46; 마 18:3 그러자 주님께서는 어린아이 하나를 불러 그들 가운데 세우고 말씀하셨습니다.

> 누구든지 이 어린아이와 같이 자기를 낮추는 사람이 천국에서 큰 자니라 마 18:4

"천국에서 누가 가장 큰 자인가?"라는 문제는 실로 난해한 문제입니다. 이에 대한 답은 예수님만이 주실 수 있습니다. 천국에서 가장 큰 영광, 진정으로 천국에 어울리는 기질, 미덕 중에 가장 중요한 미덕은 겸손입니다.

"너희 모든 사람 중에 가장 작은 그이가 큰 자니라."

4. 세베대의 아들들이 예수님께 "주의 영광 중에서 우리를 하나는 주의 우편에 하나는 좌편에 앉게 하여 주옵소서"라고 청했을 때, 예수님께서는 "내 좌우편에 앉는 것은 나의 줄 것이 아니라 누구를 위하여 예비되었든지 그들이 얻을 것이니라"고 대답하셨습니다.

그리스도인들은 그런 영광을 기대하거나 청하려고 할 것이 아니라 겸손의 잔과 겸손의 세례를 생각해야 합니다. 이어서 예수님께서는 이렇게 말씀하셨습니다.

> 누구든지 으뜸이 되고자 하는 자는 모든 사람의 종이 되어야 하리라 인자가 온 것은 섬김을 받으려 함이 아니라 도리어 섬기려 하고 자기 목숨을 많은 사람의 대속물로 주려 함이니라 막 10:44-45

천국에서 오신 그리스도의 특징인 겸손은 우리의 하늘나라에서 받을 영광의 척도가 될 것입니다. 가장 겸손한 사람이 하나님과 가장 가까운 사람입니다. 하나님의 나라에서 가장 귀한 자리는 가장 겸손한 사람들에게 약속되어 있습니다.

5. 높은 자리를 좋아하는 많은 사람, 바리새인들 그리고 제자들에게 그리스도께서는 말씀하셨습니다.

> 너희 중에 큰 자는 너희를 섬기는 자가 되어야 하리라 마 23:11

겸손은 하나님의 영광에 이르는 유일한 사다리입니다.

6. 또 다른 경우로 예수님께서는 한 바리새인의 집에서 윗자리에 앉으려고 하는 사람들에 대한 비유를 말씀하신 다음 녹 14:1-11, 이렇게 말씀을 덧붙이셨습니다.

> 무릇 자기를 높이는 자는 낮아지고 자기를 낮추는 자는 높아지리라 녹 14:11

이 요구는 움직일 수 없는 진리입니다. 다른 방법은 없습니다. 오직 자기를 낮추는 자만이 높임을 받을 것입니다.

7. 바리새인과 세리에 대한 비유를 말씀하신 다음 그리스도께서는 다시 말씀하셨습니다.

> 무릇 자기를 높이는 자는 낮아지고 자기를 낮추는 자는 높아지리라 녹 18:14

하나님의 성전에서, 하나님의 임재 앞에서, 그리고 하나님께 드리는 예배에 있어서 하나님과 사람들을 향한 깊고 진정한 겸손이 가득하지 않는다면 아무 소용이 없습니다.

8. 예수님께서는 제자들의 발을 씻기신 후에 이렇게 말씀하셨습니다.

> 내가 주와 또는 선생이 되어 너희 발을 씻겼으니 너희도 서로 발을 씻어 주는 것이 옳으니라 요 13:14

그리스도의 이 명령과 모범의 권위, 그리고 순종에 대한 모든 사상은 겸손이 제자의 자격에 있어 첫째되는 요소이며 가장 중요한 요소라는 사실을 나타내고 있습니다.

9. 최후의 만찬 자리에 앉아서도 제자들은 누가 가장 높은가에 대해 언쟁을 하고 있었습니다. 눅 22:26 그러자 예수님께서 말씀하셨습니다.

> 너희 중에 큰 자는 젊은 자와 같고 다스리는 자는 섬기는 자와 같을지니라 앉아서 먹는 자가 크냐 섬기는 자가 크냐 앉아 먹는 자가 아니냐 그러나 나는 섬기는 자로 너희 중에 있노라 눅 22:26-27

예수님께서 걸어가셨고 또한 우리에게 제시하신 길, 그리고 예수님께서 우리의 구원을 이루시며 행하셨고 언제나 우리에게 제시하시는 정신은 우리를 모든 사람의 종이 되게 하는 겸손입니다.

그런데 오늘날 이 겸손에 대해 얼마나 설교되고 있습니까?

겸손을 실천하는 사람이 얼마나 되는지요?

겸손의 부족을 느끼거나 고백하는 사람이 얼마나 됩니까?

어느 만큼이라도 예수님과 비슷한 겸손을 소유한 사람을 찾아 보기가 어려울 정도가 아니라 겸손을 간구의 대상으로 삼으려고 하는 사람이 거의 없다는 것입니다. 세상에서 겸손은 거의 볼 수가 없습니다. 심지어 교회 안에서까지도 겸손은 찾아보기가 어렵습니다.

> 너희 중에 누구든지 으뜸이 되고자 하는 자는 너희의 종이 되어야 하리라 마 20:27

하나님이시여!
우리로 하여금 예수님께서 이 말씀을 하신 의미를 깨닫게 하소서.

우리는 충성스러운 종 또는 노예가 어떤 특성을 갖고 있는지 알고 있습니다. 곧 주인의 이익을 위해 헌신하고, 주인을 기쁘게 하기 위해 항상 연구하고 마음을 쓰며, 주인이 성공하고 존귀하게 되고 행복한 것을 즐거워하는 것입니다. 땅에서도 이런 성품을 가진 종들을 볼 수 있습니다. 그들은 종이라는 칭호를 둘도 없는 영광으로 여깁니다.

그러면 하나님께 종으로, 노예로 복종해야 하며, 하나님을 섬기는 것이 우리의 가장 고귀한 자유 - 죄와 자아로부터의 자유 - 라는 사실을 깨닫고 그리스도인의 삶에서 새로운 기쁨을 느꼈던 사람이 우리 중에 얼마나 될까요?

이제 우리는 또 하나의 교훈을 배워야 할 필요가 있습니다. 그것은 예수님께서 우리에게 서로 종이 되라고 명령하셨는데, 우리가 이 명령을 진심으로 수행할 때 이 섬김도 가장 복된 일이 될 것이며, 역시 죄와 자아로부터의 새롭고 충만한 자유를 가져다 준다는 교훈입니다.

처음에 이 일은 어렵게 보일지 모릅니다. 그 이유는 아직 자신을 잘났다고 여기는 교만이 있기 때문입니다. 하나님 앞에서 아무것도 되지 않는 것이 피조물의 영광이고, 예수님의 정신이고, 천국의 기쁨이라는 사실을 깨달을 때 우리는 심지어 우리를 괴롭게 하는 사람들까지도 섬겨야 한다는 교훈을 전심으로 기쁘게 받아드릴 것입니다.

우리의 심령이 이 진정한 성화에 압도되면 우리는 자기 포기에 대한 예수님의 말씀 한마디, 한마디를 연구하게 될 것입니다. 만일 "나는 섬기는 자로 너희 중에 있노라"고 말씀하신 예수님과 함께 교제를 나누며 수고한다면 우리는 어떤 자리에도 처할 수 있을 것입니다. 얼마든지 허리를 굽힐 수 있을 것입니다. 어떤 비천한 섬김이라도 지루하게 여기지 않고 오래 계속할 수 있을 것입니다.

형제, 자매 여러분!

여기가 더 고귀한 삶으로 가는 길입니다.

내려가십시오!

더욱 낮은 길로 내려가십시오!

이것이 천국에서 큰 자가 되어 예수님의 좌우편에 앉을 생각을 하고 있는 제자들에게 예수님께서 항상 하신 말씀이었습니다. 그러므로 높아지려고 하지도 말고 높아지기를 청하지도 마십시오. 그것은 하나님께서 하실 일입니다. 그보다 스스로 자신을 낮추고 겸손하기를 힘쓰며, 하나님과 사람 앞에서 종의 자리 외에 다른 자리를 취하지 마십시오. 그것이 여러분의 할 일입니다.

하나님과 사람 앞에서 자신을 낮추고 겸손한 것을 여러분의 유일한 목적과 기도로 삼으십시오. 하나님은 미쁘십니다. 물이 항상 낮은 곳으로 흘러 들어가 채워지는 것처럼 하나님께서도 항상 겸손하고 비어 있는 영혼을 찾고 계시며, 하나님의 영광과 능력은 그런 영혼 속으로 흘러들어가 그를 높이고 복을 주십니다. 우리의 유일한 관심이 되어야 하는 겸손, 바로 그런 겸손한 사람이 높임을 받을 것입니다. 그것이 하나님의 관심사이기 때문입니다. 하나님께서는 전능하신 능력과 크신 사랑으로 그런 사람을 높이실 것입니다.

때로 사람들은 겸손과 온유가 우리의 고상함과 담대함과 남성다움을 빼앗아 갈 것이라고 말합니다. 자신을 낮추고 모든 사람의 종이 되는 것이 천국의 고상함이고, 천국의 왕께서 나타내신 왕의 기상이며, 하나님다운 정신이라는 것을 모든 사람이 믿는다면 얼마나 좋을까요.

이 길이 바로 우리 안에 그리스도의 즐거움과 영광을 항상 임재하게 하고, 우리에게 그리스도의 능력이 항상 거하게 하는 길입니다.

온유하고 겸손하신 예수님께서는 하나님께로 가는 이 길을 자신에게서 배우라고 우리를 부르십니다. 우리의 심령이 온유와 겸손한 생각으로 충만해질 때까지 우리가 지금까지 읽은 말씀들을 깊이 상고합시다. 우리에게 필요한 유일한 한 가지 일은 겸손입니다. 예수님께서 보여주시는 바를 주신다는 사실을 믿읍시다.

또한, 예수님께서 자신의 성품을 우리에게 심어 주신다는 사실도 믿읍시다. 예수님께서는 온유하고 겸손하신 분으로, 그분은 사모하는 심령에 임하셔서 거하실 것입니다.

제5장 예수님의 제자들에게 나타나는 겸손

너희 중에 큰 자는 젊은 자와 같고
두목은 섬기는 자와 같을지니라 눅 22:26

지금까지 우리는 예수님의 인격과 가르치심에 나타난 겸손을 상고했습니다. 이제 우리는 예수님께서 택하신 열두 제자들에게서 나타난 겸손을 살펴보겠습니다. 만일 그들에게서 겸손의 결핍이 발견된다면 그리스도와 인간들 간의 대조가 보다 명확하게 제시될 것입니다.

또한 오순절에 그들에게 일어난 놀라운 변화를 우리가 이해하는 데 도움이 될 것입니다. 사탄이 인간에게 불어 넣은 교만을 겸손으로 이기신 그리스도의 완전한 승리에 우리가 동참하는 것이 절대로 사실이라는 것이 입증될 것입니다.

앞에서 우리는 예수님의 가르치심에서 인용한 성경 구절들에서 제자들이 겸손이라는 미덕에 있어 얼마나 철저하게 부족하였는지를 보았습니다. 그들은 자신들 중에 누가 가장 큰 자인가에 대해 논란을 벌이기도 했습니다. 또 어떤 경우에는 세베대의 아들들이 어머니와 함께 예수님께 제일 좋은 자리, 곧 예수님의 좌우편에 앉게 되기를 청하기도 했습니다. 그리고 나중에는 최후의 만찬 자리에서까지 누가 가장 큰 자로 여김을 받을 것인가에 대한 논쟁을 벌이기까지 했습니다.

그러나 그들이 주님 앞에서 겸손했던 때가 없었던

것은 아닙니다. 베드로가 "주여 나를 떠나소서 나는 죄인이로소이다"라고 외칠 때가 바로 그런 때였습니다. 또한, 예수님께서 폭풍을 잠잠케 하셨을 때 꿇어 엎드려 경배를 할 때도 그들은 겸손한 마음가짐이었습니다.

그러나 그들이 다른 경우들에 무의식적으로 드러내곤 했던 자아의 존재와 권세에서 볼 수 있는 바와 같이 이렇게 이따금씩 나타난 겸손의 표현은 그들의 습관화된 마음 상태를 보다 분명하게 드러내는 것일 뿐이었습니다. 그들의 이런 모든 행동의 의미를 연구함으로 우리는 가장 중요한 교훈들을 배울 수 있을 것입니다.

첫째, 우리가 배울 수 있는 교훈은, **슬프게도 겸손은 여전히 결핍한 상태인데도 열렬하고 적극적인 신앙이 있을 수 있다는 것입니다**.

이 사실은 제자들에게서 볼 수 있습니다. 그들은 열정적으로 예수님을 사모하였습니다. 그들은 예수님을 위하여 모든 것을 버렸습니다. 하나님께서는 그들에게 예수님이 하나님께서 보내신 그리스도시라는 사실을 계시하셨습니다. 그들은 예수님을 믿었고, 예수님을 사랑했고, 예수님의 명령들에 순종했습니다. 그들은 모든 것을 버리고 예수님을 따랐습니다. 다른 사람들이 예수님을 떠났을 때에도 그들은 예수님께 집착했습니다.

그들은 예수님과 함께 죽을 각오가 되어 있었습니다.

그러나 이 모든 일보다 더 깊은 곳에는 그들이 거의 의식하지 못했던 무서운 흑암의 권세가 존재하고 있었는데, 그들이 예수님의 구원하시는 능력의 증거자가 되기 위해서는 먼저 이 흑암의 권세를 끊어 버리지 않으면 안되었던 것입니다. 이 사실은 지금도 역시 동일합니다.

우리는 많은 성령의 은사들을 소유하고 나타내며, 또한 많은 사람에게 축복의 경로 역할을 하는 신앙고백자들, 성직자들, 복음전도자들, 교회의 여러 직분자들, 그리고 선교사들과 교사들이 시험을 받을 때, 또는 그들과 보다 밀접한 교제를 가짐으로 그들을 보다 자세히 알게 될 때, 확고한 성품으로 겸손의 미덕을 거의 나타내지 않는다는 사실을 발견하게 되는데 진실로 이것은 괴롭고 슬픈 일이 아닐 수 없습니다.

이 모든 사실은 겸손이 가장 중요하고 가장 고귀한 미덕이며, 가장 얻기 어려운 미덕이며, 우리가 최선의 노력을 바쳐야 할 미덕입니다. 오직 성령의 충만함으로 우리가 내주하시는 그리스도와 동행하고, 그리스도께서 우리 안에 살아 계실 때에만 능력으로 임하는 미덕이라는 교훈을 확인해 줍니다.

둘째, 우리는 교만을 정복하고 온유하고 겸손한 심령이 되기 위해 교육과 개인의 노력이 얼마나 중요한가 하는 교

훈을 제자들을 통해 배울 수 있습니다. 왜냐하면, 제자들은 3년 동안 예수님의 훈련을 받았기 때문입니다.

예수님께서는 자신이 제자들에게 가르치시고자 하는 가장 중요한 교훈이 무엇인지 말씀해 주셨습니다. 그것은 "나는 마음이 온유하고 겸손하니 내게(나에 대하여) 배우라"는 교훈이었습니다.

수시로 예수님께서는 제자들에게, 바리새인들에게, 많은 사람에게 하나님께 갈 수 있는 유일한 길인 겸손에 대하여 말씀하셨습니다. 예수님께서는 하나님의 어린양으로 그들 앞에서 거룩한 겸손 가운데 생활하셨을 뿐만 아니라, 자신의 삶의 가장 깊은 비밀을 여러 번 그들에게 밝히셨습니다. 그 비밀은 "인자가 온 것은 섬김을 받으려 함이 아니라 도리어 섬기려 하고 자기 목숨을 많은 사람의 대속물로 주려 함이니라", "나는 섬기는 자로 너희 중에 있노라"는 것이었습니다.

예수님께서는 제자들의 발을 씻기시고 자신의 모범을 따르라고 그들에게 명하셨습니다. 성만찬 때까지 누가 가장 높은가에 대한 말다툼이 있었습니다. 그들은 분명히 예수님의 교훈을 배우려고 자주 애를 썼고 다시는 예수님을 근심하게 하지 않겠다고 굳게 결심하곤 했을 것입니다.

그러나 그런 일들이 모두 허사였습니다. 그들이나

우리에게 크게 필요한 교훈을 가르치기 위해 외적인 훈계로는 부족합니다. 심지어 예수님 자신의 훈계라도 안됩니다. 아무리 설득력 있는 논증이라 할지라도, 아무리 겸손의 미덕을 깊이 느낄지라도, 개인적인 결심이나 노력이 아무리 진실하고 성실할지라도 교만이라는 악을 내쫓을 수가 없습니다. 어떤 사술을 통해 사탄으로 사탄을 쫓아내는 것은 더 강력한 사탄의 세력을 새롭게 들어오게 할 뿐입니다. 거룩한 겸손 가운데 새로운 본성이 능력으로 계시되어 옛 본성과 대치되고, 진실로 우리의 본성이 되지 않으면 그 무엇이라도 교만을 내어 쫓을 수가 없습니다.

셋째, 우리가 진실로 겸손하게 되는 것은 그리스도께서 거룩한 겸손으로 우리 안에 거하심으로만 가능합니다. 왜냐하면 우리는 타인으로부터 - 즉 아담을 통해 - 교만을 물려받았기 때문입니다. 따라서 겸손도 타인 - 예수 그리스도를 통해 받아야 합니다.

교만은 무서운 권세로 우리를 지배하고 있는 우리의 본성입니다. 겸손이 이같이 우리의 본성, 우리의 자아가 되어야 합니다. 교만하던 것이 그처럼 자연스러웠고 쉬웠던 것같이 겸손이 그렇게 자연스럽고 쉬운 일이 되어야 하며 또 될 것입니다. "죄 많은 곳에 은혜가 풍성하다"는 약속의 말씀은 심령에도 해당되는 것입니다.

제자들에 대한 그리스도의 모든 가르침, 그리고 제

자들의 모든 노력은 완전히 헛된 것이 아니라 그리스도께서 신적 권능으로 그들에게 임하사 그들에게 사모하라고 가르치신 바를 주시는 데 필요한 준비 과정이었습니다. 그리스도께서는 자신의 죽으심으로 악마의 권세를 깨뜨리시고 죄를 멸하시고 영원한 구속을 이루셨습니다. 그리고 부활하심으로 그리스도께서는 완전히 새로운 생명을 받으셨는데, 그 생명은 인간들과 교통하실 수 있고 신적 능력으로 인간들의 삶으로 들어가 그들의 삶을 새롭고 충만하게 하실 수 있는 하나님의 능력을 소유한 인간의 생명이었습니다.

그리고 승천하심으로 하나님 아버지의 성령을 받으신 그리스도께서는 이 성령을 통하여 땅에 계실 때는 하실 수 없으셨던 일을 하시게 되었습니다. 곧 그리스도께서는 자신이 사랑하시는 사람들과 하나가 되어서, 사실상 그들을 위하여 그들의 삶을 사심으로 그들로 하여금 자신과 같이 하나님 아버지 앞에서 겸손하게 살 수 있게 하시는 것입니다. 왜냐하면, 그들 속에서 사시며 호흡하시는 분이 바로 그리스도 자신이시기 때문입니다.

오순절에 그리스도께서는 성령으로 강림하사 자신의 소유를 취하셨습니다. 예수님의 가르치심으로 말미암은 준비와 확신의 과정, 그리고 사모와 소망의 각성은 오순절에 역사된 놀라운 변화로 말미암아 완전하게 되었습니다. 야고보, 베드로, 요한의 삶과 서신들은 모든 것이 변화되었다는 사실과 예수님께서 갖고 계셨던 온유와 고난의 정신이 분명히 그들의 소유가 되었음이 증거가 되고 있습니다.

여러분은 이 일들에 대해 어떻게 생각하십니까?

나는 이 책을 읽는 독자들이 모두 똑같은 신앙을 갖고 있지 않다는 것을 잘 알고 있습니다. 어떤 사람은 아직 이 문제에 대해 전혀 특별히 생각해 본 적이 없기 때문에 교회와 성도들에게 있어 존재의 문제로서 겸손의 막대한 중요성을 즉각 실감할 수 없을 것입니다.

또 자신들의 부족함에 죄의식을 느끼고 매우 진지한 노력을 기울였지만 실패를 하고 실망에 빠져 있는 사람들도 있을 것입니다. 또 어떤 사람들은 영적 축복들과 능력들에 대한 기쁨의 간증을 할 수 있지만, 주위 사람들이 그에게 있어 아직도 부족하다고 보는 바를 전혀 깨닫지 못하고 있을지도 모릅니다. 또는 주님께서 구원과 승리와 함께 겸손까지 주신 것에 대해 증거할 수 있지만, 아직 주님께서 가르쳐 주신 충만함을 더욱 필요로 하고 있고 그 충만함을 기대하고 있는 사람도 있을지 모릅니다.

우리가 어떤 단계에 속해 있든지 간에 나는 겸손이 기독교에서 갖고 있는 독특한 위치에 대한 더욱 깊은 확신을 우리가 모두 찾아야 할 절박한 필요성이 있다고 생각합니다. 그리스도의 **겸손이 주님의 가장 큰 영광이며, 첫째 되는 계명이며, 우리의 가장 큰 축복이라고 인식되지 않는 한** 교회나 성도는 절대로 그리스도께서 원하시는 모습이 될 수 없다고 강력하게 주장합니다.

이제 우리는 겸손이 매우 부족하였을 때 제자들의 영적 발전이 어떠하였는가를 깊이 생각해 보아야 합니다. 겸손 이외의 다른 은사들은 우리에게 완전한 만족을 줄 수 없습니다. 하나님의 능력이 우리 가운데 놀랍게 역사하지 않는 감추어진 원인이 우리가 겸손하지 않기 때문이었다고 하나님께 회개의 기도를 드립시다.

다시 한번 말해서 겸손은 우리가, 하나님의 성자가 하신 것처럼 우리는 스스로 아무 일도 할 수 없고 하나님께서는 모든 일을 하실 수 있으심을 진심으로 깨닫고 또한 이 사실을 나타내는 것입니다. 교회가 겸손의 아름다운 옷을 입으며, 겸손이 교회의 지도자들과 모든 성도에게서 거룩하고 아름답게 나타날 때 우리 안에 거하시는 그리스도의 진리가 신자들의 경험 속에서 요구하는 자리를 차지하게 될 것입니다.

제6장 일상생활에서의 겸손

보는 바 그 형제를 사랑하지 아니하는 자는
보지 못하는 바 하나님을 사랑할 수 없느니라 요일 4:20

■ ■ ■

하나님에 대한 우리의 사랑이 사람들과의 일상의 교제에서 나타나는 사랑에 의해 평가될 것입니다. 우리의 이웃과의 일상 생활에서 그 진실성이 입증되지 않으면 망상에 불과하다는 것은 참으로 엄연한 진리입니다. 그런데 이 진리는 우리의 겸손에 있어서도 동일합니다. 하나님 앞에서 자신이 겸손하다고 생각하는 것은 쉬운 일입니다.

그러나 하나님 앞에서 우리의 겸손이 사실이고, 겸손이 우리 안에 거하여 우리의 본성이 되었고, 실제로 우리가 그리스도를 닮아 스스로 아무 영광도 취하지 않는다는 유일한 확실한 증거는 사람들을 향한 겸손입니다. 우리의 겸손이 우리가 하나님을 생각하거나 기도할 때 일시적으로 취하는 시늉이 아니라 우리의 생활 자체가 될 때, 그 겸손은 우리 형제, 자매들에 대한 우리의 모든 행동과 태도에 나타나게 될 것입니다.

이 교훈은 매우 깊은 의미를 갖고 있습니다. 그러니까 진실로 우리의 소유라고 할 수 있는 유일한 겸손은 하나님 앞에서 우리가 기도할 때 나타내고자 애쓰는 그러한 겸손이 아니라 우리의 평범한 일상생활 가운데 우리가 몸에 지니고 전달하는 겸손이라는 것입니다.

사소하게 보이는 일상 생활의 여러 가지 일들은 우리가 실제로 어떤 정신을 소유하고 있는지를 입증하기 때문에 극히 중요하고 또한 영원의 시금석이 되는 것입니다. 우리가 진실로 어떤 사람인가를 드러내는 때는 바로 우리의 가장 부주의하고 방심하는 순간들입니다. 겸손한 사람을 알려면, 겸손한 사람이 어떻게 행동하는지를 알고자 한다면 그 사람의 평범한 일상 생활 과정을 살펴보아야 합니다.

이 겸손은 바로 예수님께서 가르치신 것이 아닙니까?

제자들이 누가 가장 큰 자인가에 대해 논쟁을 벌일 때, 바리새인들이 연회석상에서 또는 회당에서 상석에 앉기를 좋아하는 것을 보셨을 때, 그리고 제자들의 발을 씻기시는 모범을 보이시며 예수님께서는 이 겸손을 가르치셨습니다. 사람들 앞에서 겸손하지 못하다면 하나님 앞에서의 겸손은 아무것도 아닙니다.

바울도 이 겸손을 가르쳤습니다. 로마의 교인들에게 보내는 편지에 바울은 "존경하기를 서로 먼저 하며… 높은 데 마음을 두지 말고 낮은 데 처하며 스스로 지혜 있는 체하지 말라"고 기록했습니다.

고린도의 교인들에게는 "사랑은 자랑하지 아니하며 교만하지 아니하며 자기의 유익을 구치 아니하며 성내지 아니하며"라고 썼는데, 이는 겸손의 뿌리가 없는 사랑은 존재하지 않는다는 것입니다.

갈라디아인들에게는 "사랑함으로 서로 종이 되라 서로 성나게 하며 서로 시기하게 하는 헛된 영화를 바라지 말라"고 말했습니다.

에베소의 교인들에게 보내는 편지에서는 앞의 3장에서 천국의 생활에 대한 놀라운 진리를 논한 다음 "그러므로 모든 겸손과 온유로 하고 오래 참음으로 사랑 가운데서 용납하고 … 항상 감사함으로 그리스도의 두려움 안에서 서로 순복하라"고 기술했습니다.

빌립보 교인들에게는 "아무 일에든지 다툼이나 허영으로 하지 말고 오직 겸손한 마음으로 각각 자기보다 남을 낫게 여기고 … 너희는 이 마음을 품으라 곧 그리스도의 마음이니 … 오히려 자기를 비어 종의 형체를 가져 자기를 낮추시고 …"라고 말했습니다.

그리고 골로새 교인들에게는 "긍휼과 자비와 겸손과 온유와 오래 참음으로 옷입고 … 피차 용서하되 주께서 너희를 용서한 것과 같이 너희도 그러하고…"라고 말했습니다.

우리의 겸손한 마음과 온유한 심정은 사람과의 관계에서 나타나는 것입니다. 우리가 이웃들에게 예수님의 겸손을 나타내지 못한다면 하나님 앞에서의 우리의 겸손은 아무 가치가 없는 것입니다.

겸손한 사람은 언제나 "**존경하기를 서로 먼저 하며, 서로 종이 되며, 각각 자기보다 남을 낫게 여기며, 서로**

순복하라"는 말씀의 계명을 따라 행동하기를 힘씁니다. 그런데 우리는 다른 사람이 지혜와 성결에 있어서, 재능에 있어서, 또는 받은 은혜에 있어서 우리보다 훨씬 못한 것을 보게되면 "어떻게 우리가 그들을 우리 자신보다 낫게 여길 수 있어요?"라고 질문하는 것을 흔히 듣습니다.

그러나 그 질문은 우리가 진정한 마음의 겸손을 우리가 얼마나 잘못 이해하고 있는지를 단적으로 입증합니다. 참된 겸손은 우리가 하나님의 빛에 비추어 우리 자신을 아무것도 아니라고 깨닫고, 하나님께서 모든 것이 되시도록 하기 위하여 자신을 완전히 죽이기로 동의할 때 생기는 것입니다. 이렇게 하고 "저는 자신을 버리고 주님을 찾았습니다"라고 말할 수 있는 영혼은 더 이상 자신을 다른 사람들과 비교하지 않을 것입니다.

그는 하나님 앞에서 자신에 대한 모든 생각을 완전히 버립니다. 그는 아무것도 아닌 사람으로 이웃들을 만나며 자신을 위해 아무것도 구하지 않습니다. 하나님의 종은 하나님을 위해 모든 사람의 종이 됩니다. 종이 주인보다 지혜로울 수도 있으나 충성된 종은 진정한 종의 정신과 자세를 잃지 않습니다.

겸손한 사람은 하나님의 가장 연약하고 가장 보잘것없는 자녀를 중시하고 존경하고 왕의 자녀로 대접합니다. 제자들의 발을 씻기신 분의 정신은 진실로 가장 낮은 사람이 되고 서로 좋이 되는 것이 우리에게 기쁨이 되게 합니다. 겸손한 사람은 시기나 질투를 하지 않습니다. 그는 자기 앞에서 다른 사람들이 대접을 받고 축복을 받을 때 하나님께 감사할 수 있습니다. 그는 다른 사람들이 찬양을 받고 그 자신은 무시되는 말을 참고 들을 수 있습니다. 왜냐하면, 그는 바울과 같이 "나는 아무것도 아니라"고 말하는 법을 배웠기 때문입니다. 그는 자신을 기쁘게 하지 않으셨고 자신의 영광을 구하지 아니하셨던 예수님의 정신을 자신의 정신으로 받아들인 사람입니다.

이웃 그리스도인들의 실수와 죄에 대해 참지 못하고 완고한 생각으로 모진 말을 하고 싶은 유혹을 받을 때 겸손한 사람은 **"서로 참으며 용서하기를 그리스도께서 너희를 용서해 주신 것같이 하라"** 는 성경에 자주 나오는 명령을 생각하며 그것을 자신의 생활에 나타냅니다. 그는 자신이 예수 그리스도를 옷 입을 때 **긍휼과 자비와 겸손과 온유와 인내의 마음도 함께 옷 입었다는** 사실을 알고 있습니다.

예수님께서 그 자신을 대신하고 계시기 때문에 예수님께서 용서하신 것같이 다른 사람을 용서하는 것이 가능합니다. 그의 겸손은 단순히 자신을 경시하는 생각이나 말로만 이루어지는 것이 아니라 바울이 말하는 긍휼과 자비와 오래 참음을 포함하는 "겸손한 마음" - 어린양의 표로 인정되는 다정하며 겸손한 친절로 이루어집니다.

더 높은 그리스도인의 생활의 경험들을 추구할 때 신자는 종종 담대성, 열정, 금욕과 같은 소위 인간적이고 남성다운 미덕들, 스토아 학자들이 가르치고 실행했던 미덕들을 추구하고 즐겨하는 위험에 빠집니다.

반면에 그들은 보다 심원하고, 보다 다정다감하고, 보다 거룩하고, 보다 천국적인 미덕들, 예수님께서 천국에서 가져오셔서 가르치신 미덕들, 보다 뚜렷하게 주님의 십자가와 자아의 죽음과 관련된 미덕들 - 가난한 마음, 온유, 자신을 낮추는 겸손을 그들은 거의 생각하지 않고 귀하게 평가하지 않습니다.

그러나 우리는 긍휼, 자비, 겸손, 온유, 오래 참음으로 옷 입어야 합니다. 그리고 잃은 자들을 구원하는 데 열심을 내는 것에만 주님을 닮는 것이 아니라 형제, 자매들과의 모든 교제에 있어서도 그리스도께서 우리에게 하신 것과 같이 오래 참고 용서해야 합니다.

그리스도인 친구들이여! 겸손한 사람에 대한 성경의 묘사를 연구합시다. 그리고 우리의 형제, 자매와 세상에게 우리에게서 그러한 겸손을 발견할 수 있는지 알아봅시다. 오직 이 성경의 말씀들을 하나님께서 우리 안에서 역사하시겠다는 약속들로 받아들이고, 그리스도의 성령께서 우리 안에 나타내실 바를 말씀하시는 계시로 받아들일 수 있을 때까지는 절대로 만족하지 맙시다.

하나님의 겸손하고 온유하신 어린양께서 우리 마음속에 보좌를 정하심으로 그분의 겸손과 온유가 우리 마음속으로부터 흘러 나오는 생수의 시내 중 한 줄기가 된다는 확신을 가지고 우리의 모든 실수와 허물이 있을 때마다 겸손하고 온유하게 주님께로 돌이키는 기회가 되게 합시다.*

나는 앞에서 말한 바를 다시 한번 되풀이하겠습니다. 나는 이 거룩한 겸손 – 하나님께서 권능을 나타내시도록 자신을 비우는 것 – 의 결핍으로 인해 교회가 병들어 있다는 것을 우리가 거의 인식하지 못한다는 사실을 깊이 통감하고 있습니다. 얼마 전에 한 겸손하고 애정 깊은 그리스도인이 여러 사회 부분에서 활동하는 많은 선교부에게서 사랑과 인내의 정신이 유감스럽게도 결여되어 있다는 사실을 알게 되었다는 깊은 슬픔을 표현하는 것을 들었습니다.

자기가 속한 사회에서 마음에 맞는 친구들을 선택

---

* 나는 예수님을 알고 있었고 예수님께서는 나의 영혼에 소중한 분이었습니다. 그러나 나는 나를 다정하고 인내하고 친절하지 못하게 막는 무엇인가가 내 속에 있는 것을 발견했습니다. 나는 그것을 그 못된 것을 몰아내려고 갖은 노력을 다했지만 그것은 계속 내 안에 머물러 있었습니다. 그래서 나는 예수님께 나를 위해 역사하시기를 기도하고 나의 뜻을 예수님께 맡겼습니다. 그러자 예수님께서 나의 마음속에 들어오셔서 나로 다정하지 못하게 하고, 친절하지 못하게 하고, 인내하지 못하게 하는 모든 것을 내어 쫓고 문을 닫으셨습니다(조지 폭스 George Fox).

하여 교제하던 사람들이 성격이 다른 사람들과 교제를 갖게 될 때 인내하고 사랑하고 성령의 평안의 묶는 줄로 하나 된 것을 지켜나가는 것을 어렵다고 생각합니다. 그리고 서로의 기쁨의 동료가 되어야 마땅할 사람들이 방해자와 피곤하게 하는 사람이 되는 것입니다. 이 모든 일의 원인은 한 가지이니, 곧 자신을 아무것도 아닌 것으로 여기고, 가장 낮은 자가 되고 가장 낮은 자로 여김을 받는 것을 기뻐하고, 예수님과 같이 다른 사람들, 가장 비천하고 가장 보잘것없는 사람들의 종이 되어 도와주고 위로해 주고자 애를 쓰는 겸손이 없기 때문입니다.

그러면 왜 그리스도를 위해서는 기쁘게 자신을 포기하는 사람들이 형제, 자매를 위해서 자신을 포기하는 것은 그렇게 힘들어하는 것일까요?

이것은 교회의 수치인데도 말입니다. 그 이유는 교회가 그리스도의 겸손이 최고의 미덕이며 성령의 모든 은사와 능력 중 가장 좋은 것이라고 가르치지 않았기 때문입니다. 또한 교회가 그리스도를 닮은 겸손이 어떤 것인지 입증해 주지 못했고, 그리스도와 같이 겸손을 최우위에 두고 진실로 필요하고 또한 가능한 것으로 설교하지 않았기 때문입니다.

그러나 우리 낙망하지 맙시다. 이 은혜의 부족을 깨달음으로 하나님께 더 큰 기대를 갖는 분발의 기회로 삼읍시다. 우리에게 시련과 괴로움을 주는 모든 형제, 자매를 하나님의 은혜의 수단으로, 우리의 생명이신 예수님께서 우리 안에서 호흡하시도록 우리를 정화시켜 주고, 우리로 겸손을 실천할 수 있게 하는 하나님의 도구로 우러러봅시다. 그리고 하나님께서 모든 것 되시고 우리 자신은 아무것도 아니라는 신앙을 가지고 하나님의 능력 안에서 사랑으로 서로 섬길 기회를 찾도록 합시다.

제7장 겸손과 거룩

사람에게 이르기를 너는 네 자리에 서 있고
내게 가까이하지 말라 나는 너보다 거룩함이라 사 65:5

■ ■ ■

우리는 우리 시대의 성화운동에 대해 말하며, 이로 인해 하나님을 찬양합니다. 우리는 거룩함을 구하는 사람들과 거룩하다고 자처하는 사람들, 그리고 거룩에 대한 가르침과 거룩한 집회에 대해 많은 이야기를 듣습니다. 그리스도 안에서의 거룩함과 믿음으로 말미암는 거룩에 대한 복된 진리들은 전에 전혀 볼 수 없을 정도로 강조되고 있습니다. 우리가 추구한다거나 얻었다고 고백하는 거룩이 진리와 생명인가 아닌가 하는 중요한 시금석은 그로 인해 겸손이 증대되어 나타나는가 하는 것입니다.

인간에게 있어 겸손은 하나님의 거룩하심이 그의 안에 거하며 그를 통해 빛을 발하게 하는 데 필요한 것입니다. 우리를 거룩하게 하시는 하나님의 거룩하신 분인 예수님에게 있어서 거룩한 겸손은 그분의 삶과 죽음과 영광의 비결이었습니다. 따라서 우리의 거룩의 한 가지 무오한 시금석은 하나님과 사람들 앞에서의 겸손이고 그 겸손이 우리를 특징짓는 것입니다. 겸손은 거룩의 꽃이며 거룩의 아름다움입니다.

따라서 겉치레적인 거짓 거룩의 가장 큰 특징은 겸손이 없는 것입니다. 거룩을 추구하는 모든 사람은 이런 정신으로 시작한 일이 자기도 모르는 새에 육신으로 끝나지 않도록, 그리고 교만이 없어야 할 곳에 은밀하게 조금이라도 스며들어 오지 않도록 부단히 자신을 지켜야 할 필요가 있습니다.

두 사람이 기도하기 위해 성전으로 올라갔습니다. 한 사람은 바리새인이었고, 또 한 사람은 세리였습니다. 바리새인이 들어갈 수 없는 거룩한 곳이나 장소는 없었습니다. 교만은 바로 하나님의 성전에서까지 그 머리를 쳐들고 하나님께 드리는 예배를 자신을 높이는 무대로 만들 수 있는 것입니다. 예수님께서 바리새인의 교만과 죄를 폭로하셨습니다.

그러나 죄악을 고백하고 회개한 사람도 가장 높은 거룩의 고백자와 동등하게 될까 조심하지 않으면 안됩니다. 우리는 우리의 마음이 하나님의 성전이 되어지기를 간절히 원하는 바로 그때, 기도할 성전으로 올라간 이 두 사람을 기억해야 합니다. 우리는 우리의 위험이 옆에 서서 우리를 멸시하는 바리새인에게서 오는 것이 아니라 세리의 마음으로 자화자찬하면서 자신을 높이는 바리새인과 같은 데서 오는 것임을 깨달아야 합니다. 하나님의 성전에서 우리가 가장 거룩한 자로 거룩하신 하나님 앞에 서 있는 것 같은 생각이 들 때 우리는 교만을 경계해야 합니다.

> 하루는 하나님의 아들들이 와서 여호와 앞에 섰고 사탄
> 도 그들 가운데에 온지라 욥 1:6

사탄이 하나님의 아들들과 같이 하나님 앞에 서 있는 것입니다.

> 하나님이여 나는 다른 사람들 곧 토색, 불의, 간음을 하
> 는 자들과 같지 아니하고 이 세리와도 같지 아니함을 감
> 사하나이다 눅 18:11

자아는 감사의 원인에서도, 곧 하나님께 드리는 감사, 하나님께서 모든 일을 행하셨다는 고백에서까지도 자만할 이유를 찾아낼 수 있는 것입니다. 그렇습니다. 심지어 회개의 말과 하나님의 긍휼하심에 대한 신뢰의 말만 들려 오는 성전에서조차도 바리새인은 찬양이라는 주제를 택하여 감사를 드리면서 자찬할 수 있습니다. 교만은 찬양이나 회개로 자신을 치장할 수 있습니다.

비록 "나는 다른 사람들과 같지 아니하고"라는 말은 하지 않을지라도 그 말이 갖고 있는 정신은 종종 같이 예배드리는 사람들을 향한 우리의 감정과 언어에서 발견됩니다. 이 사실이 정말로 그러한지 알고 싶으면 교회에서 그리스도인들이라고 하는 사람들이 자주 서로에 대하여 하는 말에 귀를 기울여 보십시오. 그 말들 중에

예수님의 온유와 겸손은 거의 찾아 볼 수 없습니다.

예수님의 종들이 자신이나 남들에 대해 말할 때 그 바탕이 깊은 겸손이 되어야 한다는 사실은 거의 기억되지 않고 있습니다. 성도라 칭함을 받는 사람들이 성마르고, 인내심이 없고, 자기변명과 자기주장만 늘어놓고, 무정한 판단과 불친절한 말을 하고, 자신보다 남을 낮게 여기지 않고, 온유함을 동반한 거룩함이 없기 때문에 많은 교회와 성도들의 모임들, 많은 기독교 단체들, 심지어 이교도 세계의 많은 선교회에서 조화가 깨어지고 하나님의 사업이 지장을 받고 있지 않습니까?*

정신사(精神史)를 볼 때 인간은 큰 굴욕과 비천의 때를 경험하기도 합니다. 그러나 이것은 겸손으로 옷 입고, 겸손한 정신을 소유하고, 자신을 다른 사람들의 종으로 여김으로 예수 그리스도에게 있었던 바로 그 마음을 나타내는 것과는 엄청나게 다른 것입니다.

"나는 너보다 더 거룩하니까 저리 비켜라!"고 말하는 사람이 있다면 이 얼마나 모순적이고 가소로운 말입니까?

---

* '나'라는 인물은 가장 다루기 힘든 자로서, 가장 좋은 자리와 가장 높은 위치를 요구하며, 만일 그 요구가 들어지지 않으면 심한 상처를 받는다. 기독교 사역자들 중에서 일어나는 대부분의 분쟁의 원인은 이 거대한 '나'의 불만이다. 우리 중에 가장 낮은 자리에 처하는 이 참된 비결을 이해하는 사람은 얼마나 적은지 모른다(스미스 여사의 『매일매일의 신앙』 중에서).

거룩하신 분인 예수님께서는 겸손한 분이셨습니다.

가장 거룩한 사람은 항상 겸손한 사람이 될 것입니다.

하나님 외에 거룩한 분이 또 어디 있겠습니까?

우리는 하나님을 모시는 만큼만 거룩할 수 있는 것입니다. 따라서 우리가 하나님을 모시는 것이 곧 우리의 진정한 거룩입니다. 왜냐하면 거룩이란 바로 하나님만이 전부라는 생각 가운데 자신이 사라지는 것이기 때문입니다. 가장 거룩한 사람은 가장 겸손한 사람이 될 것입니다.

그러나 슬프게도 이사야 시대의 그 뻔뻔스럽고 교만하게 자화자찬하는 유대인들과 같은 사람들을 오늘날 자주 만나게 되지는 않지만, 그들의 정신은 여전히 믿음의 동료들이나 세상 사람들을 대하는 태도에서 자주 볼 수 있습니다. 자기 생각을 발표하고 일들을 처리하고 다른 사람들의 과실들을 드러내는 태도에 있어서 비록 옷은 회개한 세리의 옷을 입고 있지만, 그 말소리는 여전히 "하나님이여 나는 다른 사람과 같지 아니함을 감사하나이다"라고 말하는 바리새인의 말소리입니다.

그러면 사람들이 진실로 자신을 "모든 성도 중에 지극히 작은 자보다 더 작은" 자이며 모든 사람의 종으로 여기는 겸손은 발견되는 것일까요?

그렇습니다. "사랑은 자랑하지 아니하며 교만하지

아니하며 무례히 행치 아니하며 자기의 유익을 구하지 아니한다"고 했습니다. 이 사랑의 정신이 고루 퍼진 마음에, 이 하늘의 성품이 충분히 자라난 곳에 온유하시고 겸손하신 하나님의 어린양 그리스도의 형상이 진실로 이루어진 마음속에, 자신을 버리고 다른 사람을 축복하고 용납하고, 그들이 아무리 보잘것없는 사람들이라도 존경하고 높이는 것에서 자신의 축복을 발견하는 완전한 사랑이 존재하는 것입니다. 이 사랑이 들어오는 곳에 하나님께서 들어오시며, 하나님께서 능력으로 들어오셔서 자신을 모든 것으로 계시하시는 곳에서 인간은 아무것도 아니라는 것이 드러납니다.

그리고 하나님 앞에서 낮아진 인간은 다른 사람들을 향해 교만할 수 없습니다. 하나님의 임재하심은 일시적인 것이 아니라 인간이 항상 그 아래에서 거하는 장막입니다. 따라서 인간이 하나님 앞에서 낮아지는 곳은 하나님의 성전이 되고 모든 은혜의 말씀과 역사가 나타나게 되는 것입니다.

> 하나님! 우리의 이웃들에 대한 우리의 생각과 말과 감정이 하나님을 향한 우리의 겸손을 판단하는 하나님의 시금석이며, 하나님 앞에서의 겸손이 우리로 하여금 이웃들에게 항상 겸손하게 할 수 있는 유일한 능력이라는 사실을 우리에게 깨

닫게 하소서. 우리의 겸손이 우리 안에 거하시는 하나님의 어린양 그리스도의 삶이 되게 하소서.

강단에서나 교단에서 거룩을 가르치는 모든 사람과, 골방이나 집회에서 거룩을 사모하는 모든 사람은 경계해야 할 것이 있으니, 거룩의 교만처럼 음흉하고 간교하고 위험한 교만이 없다는 것입니다. 항상 "나는 너보다 거룩하니까 저리 비켜라"고 말하는 사람은 없고, 심지어 항상 이런 생각을 하는 사람도 없습니다. 그렇습니다. 이런 생각은 참으로 위험한 생각으로 간주될 것입니다. 그러나 자신도 전혀 알지 못하는 사이에 자신이 성취한 것들에 대한 자만감을 갖고 자신이 다른 사람들보다 상당히 앞섰다고 생각하는 은밀한 습관이 자라나고 있는 것입니다.

이 습관은 항상 어떤 특별한 자기 주장이나 자화자찬에만 나타나는 것이 아니라 하나님의 영광을 본 사람들의 표적인^{욥 17:5, 6; 사 6:5} 깊은 자기 비하의 부재에서도 나타나는 것입니다.

또한, 이 습관은 말과 생각에서만 드러나는 것이 아니라 영적 분별력은 갖고 있지만 자아의 능력을 인식하지 못하는 사람들의 말투와 다른 사람들에 대해 말하는 방식에서도 드러납니다. 세상 사람들은 이것을 예리하게 관찰하고 거룩한 생활을 한다고 하는 사람들이 별로 특별하게 거룩한 열매를 맺지 못하는 증거라고 지적하며 비웃는 것입니다.

그러므로 형제, 자매 여러분!

주의합시다. 거룩함의 진보와 함께 겸손이 증대하지 않는다면 우리는 하나님의 임재하심의 유일한 표적인 자아의 소멸은 전혀 이루어지지 않았음에도 불구하고 아름다운 생각이나 감정만 좋아하고 엄숙한 헌신과 믿음의 행동들만 좋아하게 됩니다.

여러분, 와서 예수님을 보십시오!

그리고 예수님의 겸손으로 옷 입을 때까지 예수님 안에 자신을 감추십시오. 그렇게 해야만 우리가 거룩해질 수 있기 때문입니다.

제8장 겸손과 죄

죄인 중에 내가 괴수니라 딤전 1:15

■ ■ ■

종종 겸손은 뉘우치고 통회하는 것과 동일시됩니다. 그 결과 겸손은 육성되지 않고 영혼은 계속 죄악에 사로잡혀 있게 되는 것을 보게 됩니다. 우리는 겸손이 이 것과 다른 것이고 그 이상이라고 배워왔습니다. 우리는 우리 주 예수님의 가르치심과 서신서들의 가르침에서 겸손이 매우 자주 죄에 대한 언급 없이 가르쳐지는 것을 보았습니다.

피조물과 창조주와의 관계를 볼 때, 그리고 겸손의 삶을 사셨고 우리에게 겸손을 심어 주신 예수님의 삶을 볼 때 겸손은 축복의 본질이며 거룩의 본질입니다. 겸손은 마음의 왕좌에 자아 대신 하나님께서 앉으시는 것입니다. 하나님께서 모든 것이 되시는 곳에 자아는 무가치합니다.

그러나 겸손이 죄의 회개와 다르다는 사실이 특별히 강조되어야 할 것으로 생각되는 진리이긴 하지만 인간의 죄와 하나님의 은혜가 성도들의 겸손을 얼마나 새롭게 하고 깊게 하고 강하게 하는지는 거의 말할 필요가 없을 정도로 분명한 사실입니다. 우리는 속량을 받은 거룩한 사람이 지울 수 없는 죄인이라는 깊은 의식을 가지고 어떻게 사는가를 알기 위해 사도 바울을 살펴볼 필요가 있습니다.

우리는 바울이 자신을 박해자와 비방자로 말한 구절들을 잘 알고 있습니다.

> 나는 사도 중에 가장 작은 자라 나는 하나님의 교회를 박해하였으므로 사도라 칭함 받기를 감당하지 못할 자니라 그러나 내가 나 된 것은 하나님의 은혜로 된 것이니 내게 주신 그의 은혜가 헛되지 아니하여 내가 모든 사도보다 더 많이 수고하였으나 내가 한 것이 아니요 오직 나와 함께 하신 하나님의 은혜로라 고전 15:9-10

> 모든 성도 중에 지극히 작은 자보다 더 작은 나에게 이 은혜를 주신 것은 측량할 수 없는 그리스도의 풍성함을 이방인에게 전하게 하시고 엡 3:8

> 내가 전에는 비방자요 박해자요 폭행자였으나 도리어 긍휼을 입은 것은 내가 믿지 아니할 때에 알지 못하고 행하였음이라 우리 주의 은혜가 그리스도 예수 안에 있는 믿음과 사랑과 함께 넘치도록 풍성하였도다 미쁘다 모든 사람이 받을 만한 이 말이여 그리스도 예수께서 죄인을 구원하시려고 세상에 임하셨다 하였도다 죄인 중에 내가 괴수니라 딤전 1:13-15

그는 하나님의 은혜에 의해 구원을 받았습니다. 하나님께서는 그의 죄를 영원히 더 이상 기억하지 않으십니다. 그러나 그는 자신이 얼마나 무서운 죄악을 범하였던가 하는 사실을 결코 잊을 수 없습니다. 그가 하나님의 구원의 기쁨을 즐거워하고 하나님의 은혜의 경험이 그를 말할 수 없는 기쁨으로 충만하게 할수록 자신이 구원받은 죄인이라는 자각은 더욱 분명해졌습니다.

그렇습니다! 자신이 죄인이라는 의식이 없다면 구원은 아무 의미도 없고 즐거운 것도, 귀한 것도 아니며, 또한 전혀 실감나는 일도 아닌 것입니다. 바울은 하나님께서 크신 팔로 건져 내셔서 사랑으로 면류관을 씌우신 자가 다름 아닌 죄인이었다는 사실을 한순간도 잊을 수 없었습니다.

위에 인용한 성경 구절들은 종종 매일매일 짓는 죄에 대한 바울의 고백으로 해석됩니다. 그러나 그렇지 않다는 것을 알기 위해서는 이 성구들의 문맥을 주의하여 읽어 보기만 하면 됩니다. 이 성구들은 훨씬 더 깊은 의미들을 갖고 있습니다. 곧 이 말씀들은 영원히 지속하는 바를 언급하고 있으며, 어린양의 피로 죄 씻음을 받고 속량을 받은 사람들이 하나님의 보좌 앞에서 경배를 드릴 때 수반해야 할 겸손에 대한 경외와 찬양을 깊고 짙은 음조로 전달하고 있습니다.

그렇습니다. 비록 하나님의 영광 중에 거하고 있을

지라도 우리는 절대로 속량된 죄인들 이외의 다른 자가 될 수 없습니다. 이 땅에서 하나님의 자녀는 완전한 하나님의 빛 가운데 살 수 없습니다. 하나님의 자녀가 죄인으로 처음 하나님 앞에 나아 올 때 갖고 왔던 겸손은 그 겸손이 피조물에게 합당하다는 사실을 깨달을 때 새로운 의미를 갖게 됩니다. 그 다음에 그가 하나님의 자녀로 태어날 때의 겸손은 하나님의 경이로운 사랑의 기념비로서의 기억 속에서 가장 깊고 가장 값진 찬양의 음조를 갖게 됩니다.

사도 바울의 이러한 표현들이 우리에게 가르쳐 주는 내용들의 진정한 의미는 그의 전생애를 통해(심지어 가장 솔직하게 자신의 흉금을 털어놓는 서신서들에서까지도) 죄의 고백 같은 것을 발견할 수 없다는 놀랄 만한 사실을 주의하여 볼 때 가장 강력하게 느껴집니다. 어디에도 바울이 자신의 결함이나 흠에 대해 언급하는 곳이 없고, 자신이 어떤 의무를 게을리했다거나 완전한 사랑의 법을 위반했다는 암시도 없습니다. 반대로 하나님과 사람들 앞에서 흠이 없는 삶을 살았다는 말로 자신을 변호하는 구절은 적지 않습니다.

> 우리가 너희 믿는 자들을 향하여 어떻게 거룩하고 옳고 흠 없이 행하였는지에 대하여 너희가 증인이요 하나님도 그러하시도다 살전 2:10

> 우리가 세상에서 특별히 너희에 대하여 하나님의 거룩함과 진실함으로 행하되 육체의 지혜로 하지 아니하고 하나님의 은혜로 행함은 우리 양심이 증언하는 바니 이것이 우리의 자랑이라 고후 1:12

이것은 어떤 이상이나 바람이 아니라 바울의 실제 삶이었습니다. 죄의 고백이 없는 바울의 삶을 어떻게 해석하든지 간에 이러한 삶이 오늘날 거의 실감되지도 않고 기대하지도 않는 성령의 능력 안의 삶이 분명하다는 사실은 누구나 인정할 것입니다.

여기에서 내가 강조하고자 하는 점은 보다 깊은 겸손의 비결이 매일 죄를 범하는 데 있는 것이 아닙니다. 절대로 한순간도 자신의 위치를 잊지 않는 습관에 있다는 진리, 더 풍성한 은혜를 더욱 분명하고 생생하게 유지할 수 있는 축복의 자리이자 하나님 앞에서의 우리의 유일한 위치는 자신이 은혜로 말미암아 구원받은 죄인이라고 고백하는 것을 가장 큰 기쁨으로 삼는 자의 위치라는 진리가 바울의 삶에 의해 더욱 강력하게 제시된다는 것입니다.

바울은 자신이 과거에 은혜를 받기 전에 지었던 무서운 범죄에 대한 잊을 수 없는 기억, 그리고 일상적인 범죄를 피하려는 의식과 함께 항상 다시 들어올 준비를 하고 있는 음흉한 죄악의 잠재 세력은 오직 내주하시는 그리스도의 능력으로만 막을 수 있다는 확신을 갖고 있었습니다. 로마서 7장의 "내 속 곧 내 육신에 선한 것이 거하지 아니하는 줄을 아노니"라는 말씀은 소멸되지 않은 육신을 나타내고 있습니다. 그리고 로마서 8장의 "그리스도 예수 안에 있는 생명의 성령의 법이 일찍이 나를 사로잡았던 죄와 사망의 법에서 나를 해방시키셨도다"라는 말씀은 육신의 소멸이나 성화를 나타내는 것이 아니고, 성령께서 육신의 행위를 정복하시면서 주시는 계속적인 승리를 나타내는 것입니다.

건강이 질병을 물리치고, 빛이 어두움을 몰아내고, 생명이 사망을 이기는 것처럼 성령을 통하여 우리의 마음속에 거하시는 그리스도께서는 영혼의 건강이시며, 빛이시며, 생명으로 영혼의 질병을 물리치시고, 영혼의 어두움을 몰아내시며 사망의 권세를 멸하십니다. 더욱이 이 자신의 무력함과 위험에 대한 자각은 성령의 부단한 활동에 대한 믿음을 성령께 대한 강한 의존감과 조화시킴으로 오직 은혜로만 생활하는 겸손을 가장 큰 믿음과 기쁨이 되도록 하는 것입니다.

위에 인용한 세 가지 성경 구절은 모두 바울이 받은 그 놀라운 은혜, 그가 매순간 필요성을 느끼고 있었던 은혜, 그를 그처럼 겸손하게 만들었던 은혜가 어떤 것이었는지 보여 줍니다. 바울과 함께했고 그로 하여금 다른 모든 사람보다 더 많이 수고할 수 있게 했던 하나님의 은혜, 이교도들에게 그리스도의 헤아릴 수 없는 풍성함을 전파할 수 있게 한 은혜, 그리스도 예수 안에 있는 넘치도록 부요한 은혜, 그 은혜는 바로 겸손이었습니다.

이 겸손은 죄인들로 하여금 자신이 과거에 죄를 범했으며, 지금도 강력하게 살아 움직이고 있는 죄악에 다시 빠질 위험이 있다는 의식을 유지시켜 주는 것으로 죄인들이 가져야 하는 본성이며 영광인 것입니다. "죄 많은 곳에 은혜가 더욱 풍성하다"는 말씀은 하나님의 은혜가 어떻게 죄를 처리하여 제거하는가를 보여줍니다. 즉 은혜의 체험이 많을수록 죄인이라는 의식이 더 강하다는 것입니다.

인간에게 죄를 보여 주고 그가 어떠한 죄인이라는 것을 깨닫게 하여 진정으로 겸손하게 하는 것은 죄가 아니라 하나님의 은혜입니다. 나로 하여금 참으로 내가 죄인이며 죄인이 있어야 할 가장 철저한 겸손의 자리에서 절대로 떠나지 않게 하는 것은 죄가 아니라 바로 하나님의 은혜인 것입니다.

자기를 책망하고 정죄하며 겸손해지려고 애쓰지만, 친절과 동정과 온유와 인내를 동반하는 겸손한 심령에는 여전히 아득히 멀다고 슬프게 고백하는 사람들이 적지 않은 것은 슬픈 일이 아닐 수 없습니다. 심하게 자기혐오를 하면서 자신에게 사로잡혀 있으면 절대로 자신으로부터 자유로워질 수 없습니다. 우리를 겸손하게 하는 것은 율법으로 죄를 정죄할 뿐만 아니라 은혜로 죄로부터 구원하는 하나님의 계시입니다. 율법은 마음을 두렵게 하고 상하게 할지 모릅니다.

그러나 은혜는 영혼에 기쁨을 주는 영혼의 제2의 본성인 겸손을 가져다줍니다. 아브라함과 야곱 그리고 이사야를 그처럼 겸손하게 만든 것은 바로 은혜 가운데 다가오셔서 자신을 우리에게 알게 하시는 하나님의 거룩한 계시였습니다. 무에서 만물을 창조하시고 자신의 피조물에게 만유가 되시는 창조주 하나님, 그리고 죄악 가운데 있는 죄인들에게도 모든 것이 되시는 구원의 하나님 안에서 영혼은 하나님을 섬기고 신뢰하고 예배할 때 하나님의 임재하심으로 충만하여 자아를 위한 여지가 없게 된 자신을 발견하게 될 것입니다. 이렇게 될 때에만 "사람의 교만을 낮추고 그날에 주께서 홀로 높아지리라"는 약속의 말씀이 성취될 것입니다.

그때에 죄인은 그리스도와 성령을 통하여 오는 하나님의 거룩한 구속의 사랑의 충만한 빛 가운데, 그리고 거룩한 사랑이 마음속에 충만하게 거하는 경험 가운데 겸손할 수밖에 없을 것입니다. 진실로 여러분은 자신의 죄에 사로잡히지 말고 하나님으로 사로잡혀야 자아로부터 구원을 얻을 수 있습니다.

제9장 겸손과 믿음

너희가 서로 영광을 취하고 유일하신 하나님으로부터 오는
영광을 구하지 아니 하니 어찌 나를 믿을 수 있느냐 요 5:44

■ ■ ■

최근에 나는 한 강연에서 강사가 다음과 같이 말하는 것을 들었습니다.

"높은 신앙생활의 축복들은 종종 마치 상점 진열장에 늘어놓은 물건들과 같습니다. 즉 분명하게 그것들을 볼 수는 있지만 만질 수는 없는 것입니다. 사람들에게 손을 내밀어 그것들을 가지라고 말하면 사람들은 나와 이 물건들 사이에 두꺼운 유리창이 가로 놓여 있기 때문에 가질 수 없다"고 대답할 것입니다.

이와 같이 그리스도인들은 완전한 평안과 안식, 흘러넘치는 사랑과 기쁨, 변치 않는 교제와 열매 맺는 생활과 같은 축복의 약속들을 볼 수는 있지만, 그것들을 정말로 소유하지 못하도록 가로막는 무엇인가가 있음을 느낄 것입니다.

그러면 그것이 무엇일까요?

바로 다름 아닌 교만입니다. 믿음에 주어진 약속들은 아낌이 없고 매우 확실합니다. 또한, 이 약속으로 부르는 초청과 격려는 매우 강력합니다. 믿음이 의지하는 하나님의 권능은 가까이 있고 역시 아낌이 없습니다. 따라서 우리의 축복들을 가로막는 교만은 곧 우리의 믿음까지 방해하는 것입니다.

본 장의 본문에서 예수님께서는 믿음을 불가능하게 하는 것이 분명히 교만이라고 밝히십니다.

> 너희가 서로 영광을 취하고 유일하신 하나님께로부터 오는 영광은 구하지 아니하니 어찌 나를 믿을 수 있느냐 요 5:44

이제 교만과 믿음이 본질적으로 절대로 화합할 수 없이 모순되는 것임을 아는 것과 동시에 우리는 믿음과 겸손이 근본에 있어 같다는 사실과 진정한 겸손을 갖고 있지 않으면 참된 믿음을 가질 수 없다는 사실도 깨닫게 됩니다. 교만을 마음에 품고 있으면서도 진리를 지적으로는 확신하고 인정할 수 있습니다. 그러나 그런 지적 동의는 하나님의 능력이 나타나는 살아 있는 믿음은 될 수 없습니다.

여기에서 우리는 잠깐 믿음이 무엇인가 생각해 볼 필요가 있습니다.

믿음이란 자신이 아무것도 아니고 아무것도 할 수 없음을 고백하고 하나님께 굴복하여 하나님께서 역사하도록 기다리는 것이 아닐까요?

믿음은 우리가 지닐 수 있는 가장 겸손한 것이 아닐까요?

즉 은혜로 주시는 것 외에는 아무것도 요구할 수 없

고 아무것도 얻을 수 없고 아무것도 할 수 없는 의존자로서의 우리의 처지를 수용하는 것입니다. 겸손은 하나님을 의지하는 삶을 준비시켜 줍니다. 자신만을 위하고, 자기의 뜻만을 주장하고, 자신을 의존하고, 자신을 높이는 교만은 아무리 은밀한 것일지라도 천국에 들어갈 수 없고, 천국의 축복을 소유할 수 없습니다. 왜냐하면, 교만은 하나님께서 하나님되시고 마땅히 만유의 주로 존재해야 하심을 용납하기를 거부하기 때문입니다.

믿음은 천국과 천국의 축복들을 감지하고 인식하는 기관 또는 감각입니다. 믿음은 하나님께로부터 오는 영광, 즉 하나님께서 모든 것이 되시는 곳으로부터 오는 영광을 추구합니다. 우리가 인간의 영광을 취하는 한, 우리가 이 세상의 영광과, 인간들에게서 오는 존귀와 명예를 추구하고 사랑하고 그것들을 열심으로 지키려고 하는 한, 우리는 하나님으로부터 오는 영광을 추구하지도 않고 받을 수도 없습니다. 교만은 믿음을 불가능하게 합니다.

구원은 십자가와 십자가에 달리신 그리스도를 통해 오는 것입니다. 구원은 그리스도의 십자가 정신 가운데에서 십자가의 그리스도와 나누는 교제입니다. 구원은 예수님의 겸손과의 연합이며, 예수님의 겸손을 즐거워하는 것이며, 예수님의 겸손에 참여하는 것입니다.

교만이 우리를 지배할 때 우리의 믿음이 심히 약해지고 우리가 구원의 가장 필요하고 복된 부분인 겸손을 사모하거나 겸손을 얻고자 기도하지 않는 것은 이상한 일이 아닙니다.

성경에서 겸손과 믿음은 많은 사람이 알고 있는 이상으로 밀접하게 연관되어 있습니다. 예수님의 삶에서 이 사실을 봅시다. 예수님께서 큰 믿음에 대해 말씀하신 두 경우가 있습니다.

예수님께서 백부장의 믿음에 놀라며 "내가 이스라엘 중 아무에게서도 이만한 믿음을 만나보지 못하였노라"고 말씀하신 것은 백부장이 "주여, 내 집에 들어오심을 감당치 못하겠나이다"라고 말했기 때문이 아닙니까?

그리고 예수님께서 "여자여, 네 믿음이 크도다"라고 말씀하신 한 어머니는 개로 칭함을 받아들이고 "주여 옳소이다마는 개들도 제 주인의 상에서 떨어지는 부스러기를 먹나이다"라고 말하지 아니 하였습니까?

겸손은 우리가 하나님 앞에서 아무것도 아님을 제시하며, 믿음을 가로막는 모든 장애물을 제거하며, 우리가 하나님을 온전히 의뢰하지 못함으로 말미암아 하나님께 존귀와 영광을 돌리지 못하게 되지 않을까 하는 것만을 걱정합니다.

형제, 자매 여러분!

여러분은 여기에서 거룩을 추구함에 있어 실패하는

원인을 발견하십니까?

우리는 몰랐지만, 우리의 헌신과 믿음을 그토록 피상적이고 그토록 지구력이 없게 만든 원인이 바로 여기에 있지 않습니까?

그 원인은, 우리는 교만과 자아가 은밀하게 우리 안에서 어느 정도로 역사하고 있는지 생각하지 못했기 때문입니다. 그리고 하나님께서 홀로 내주하심과 권능으로 어떻게 교만과 자아를 몰아내실 수 있으신지 알지 못했기 때문입니다.

우리는 어떻게 이 새롭고 거룩한 본성이 옛 자아의 자리를 완전히 대신하여 우리로 하여금 진실로 겸손할 수 있게 하는지 이해하지 못했습니다. 우리는 절대적이고 끊임없고 포괄적인 겸손이 모든 사람과의 관계에 있어서 뿐만이 아니라 모든 기도와 하나님께 나아가는 일에 있어서도 우리의 근본적 성격이 되어야 한다는 것을 몰랐습니다.

우리가 마치 눈 없이 보려고 하거나 숨을 쉬지 않고 살려고 하는 것과 같이 어리석게도 겸손과 마음의 낮아짐이 없이 하나님을 믿으려고 하거나, 하나님께 가까이 나아가려고 하거나, 또는 하나님의 사랑 안에 거하려고 하지 않았습니까?

형제, 자매 여러분!

우리는 교만하게 하나님의 축복들과 부요함을 독차

지하려고 하는 옛 자아가 아직 존재하고 있는데 믿음을 가져보려고 온갖 애를 다 쓰는 잘못을 범하고 있지 않았습니까?

그렇다면 우리가 믿을 수 없었던 것은 이상한 일이 아닙니다. 우리는 우리의 행로를 바꿔야 합니다. 무엇보다 먼저 하나님의 능하신 손 아래 겸손하게 자신을 낮춥시다. 그러면 하나님께서 우리를 높이실 것입니다. 예수님께서 겸손하게 자신을 낮추신 십자가와 죽음과 무덤의 길은 하나님의 영광에 이르는 길이었습니다. 이 길이 우리의 길입니다.

예수님과 함께, 그리고 예수님과 같이 겸손하게 낮아지는 것이 우리의 간절한 소망과 열렬한 기도가 되도록 합시다. 하나님 앞과 사람들 앞에서 우리를 겸손하게 하는 것이 무엇이든지 간에 기쁘게 받아들입시다. 왜냐하면, 이것만이 하나님의 영광으로 가는 길이기 때문입니다.

내가 말하는 사람들은 어느 정도 은혜의 경험을 한 사람들, 또는 다른 사람들에게 축복을 전달하는 도구 역할을 하는 사람들이면서도 겸손이 부족한 사람들입니다. 여기에서 여러분은 아마 한 가지 질문을 하고 싶은 생각이 들 것입니다.

즉 이들이 사람들에게서 오는 영예를 너무 많이 구하는 것은 매우 명백하지만 그렇다고 그들에게 참된 믿음, 또는 강한 믿음이 없는 것은 아니냐는 질문일 것입니다. 이에 대해 여러 가지 답변을 할 수 있지만 우리의 현재 문제와 관련된 기본적인 답변은 다음과 같습니다. 즉 그들은 분명히 믿음을 가지고 있습니다. 그리고 그 믿음의 분량대로 그들은 자신들이 받은 특별한 은사들을 가지고 다른 사람들에게 복을 전합니다. 그러나 그 축복 중에 그들의 믿음의 역사는 겸손의 부족으로 인하여 지장을 받습니다. 그들이 전하는 축복은 종종 피상적이거나 일시적입니다. 왜냐하면 그들 자신이 아무것도 아닌 자가 되어 하나님께서 모든 것이 되는 길을 열지 않기 때문입니다. 분명히 더 깊은 겸손이 더 깊고 더 충만한 축복을 가져옵니다. 이런 겸손한 사람들 중에 충만한 은혜, 특별히 겸손의 은혜로 거하시며 능력으로 역사하시는 성령께서는 이들을 통하여 새로운 개심자들과 교통하시며 오늘날 너무나 보기 힘든 능력과 거룩과 평안의 삶을 주십니다.

> 너희가 서로 영광을 취하고 유일하신 하나님께로부터 오는 영광은 구하지 아니하니 어찌 나를 믿을 수 있느냐 요 5:44

형제, 자매 여러분!

사람들에게서 영광을 구하는 습관과, 그 영광을 얻지 못할 때 받는 상처와 고통과 분노는 자신을 포기하고 하나님께로부터 오는 영광만을 구하는 것 외에는 무엇으로도 치료할 수 없습니다. 완전히 영화로우신 하나님의 영광을 여러분의 전부로 삼으십시오. 그러면 여러분은 사람들의 영광과 자아로부터 해방되고 자신이 아무것도 아니라는 것에 만족하고 기뻐하게 될 것입니다.

그리고 이 무(無)로부터 여러분은 믿음이 강하게 자라 하나님께 영광을 돌리게 될 것이고, 여러분이 하나님 앞에서 더 깊이 겸손에 잠길수록 하나님께서 더 가까이 오셔서 여러분의 믿음의 모든 소망을 이루신다는 것을 발견할 것입니다.

제10장 겸손과 자아의 죽음

사람의 모양으로 나타나사 자기를 낮추시고
죽기까지 복종하셨으니 빌 2:8

겸손은 죽음으로 가는 길입니다. 왜냐하면 죽음에서 겸손은 가장 완전하게 증거 하기 때문입니다. 겸손이라는 꽃의 아름다운 열매는 자아의 죽음입니다. 예수님께서는 죽기까지 자신을 낮추심으로 우리도 마땅히 걸어 가야 하는 길을 여셨습니다. 예수님께서 하나님께 끝까지 복종하셨음을 증명하실 수 있는 길은 오직 죽음 외에는 없었습니다. 죽음을 통하여 예수님께서는 우리와 같은 인간성을 가지셨음에도 불구하고 하늘 아버지의 영광에 오르실 수 있었습니다.

그러므로 우리도 그렇게 해야 합니다. 겸손은 반드시 우리를 자아의 죽음으로 인도합니다. 그럴 때에 우리는 얼마나 완전하게 우리 자신을 하나님께 드렸는가를 증명할 수 있습니다. 그렇게 해야만 우리는 타락한 본성으로부터 해방되어 하나님 안에 있는 생명에 이르는 길, 겸손이 호흡이 되고 기쁨이 되는 새로운 본성의 완전한 탄생에 이르는 길을 발견할 수 있습니다.

우리는 예수님께서 제자들을 위해 자신의 부활의 생명을 전하셨고 성령 강림 때에 영광을 받으시고 보좌에 앉으신 온유하신 분께서 제자들 중에 거하시기 위해 실제로 하늘에서 내려오셨던 일을 기억합니다. 예수님께서는 죽으심을 통하여 이 권능을 쟁취하셨습니다. 예수님께서 전하시는 생명은 그 가장 깊은 본질에 있어 죽음에서 나온 생명, 죽기까지 복종하고 죽음을 통하여 얻은 생명이었습니다. 제자들 중에 거하시기 위해 내려오신 예수님께서는 죽으셨다가 지금은 영원히 살아 계시는 분이십니다. 그분의 삶, 그분의 인격, 그분의 임재는 모두 죽음의 표적, 죽음에서 태어난 생명의 표적을 지닙니다.

따라서 예수님의 제자들 안에 있는 생명도 항상 죽음의 표적을 지닙니다. 예수님의 생명의 능력은 오직 영혼에 죽음의 정신, 그 죽으셨던 분의 정신이 거하여 역사함으로만 가능합니다. 주 예수 그리스도의 죽으심의 표적들 중 첫 번째이며 가장 중요한 표적, 예수님의 진정한 아름다움을 보여주는 죽음의 표적들 중 첫째되고 가장 중요한 표적은 바로 겸손입니다. 이러한 두 가지 이유로 인하여 오직 겸손만이 완전한 죽음으로 인도하고, 오직 죽음만이 완전한 겸손으로 인도합니다. 겸손과 죽음은 본질에 있어 하나입니다. 겸손은 싹입니다. 이 싹의 열매는 죽음에서 완전하게 무르익는 것입니다.

겸손은 완전한 죽음으로 인도합니다. 겸손은 자신을 포기하고 하나님 앞에서 완전한 무의 자리를 취하는 것을 의미합니다. 예수님께서는 겸손하게 자신을 낮추고 죽기까지 순종하셨습니다. 죽으심으로 예수님께서는 가장 귀한 증거, 곧 자신의 뜻을 하나님의 뜻에 양도한다는 완전한 증거를 제시하셨습니다. 죽음을 앞에 놓고 예수님께서는 그 잔을 마시는 것에 대해 당연한 주저함이 있었으나 결국 자신을 포기하셨습니다.

예수님께서는 우리의 인성과 연합된 생명을 포기하셨는데, 곧 자신과 유혹하는 죄에 대해 죽으셨습니다. 그리하여 예수님께서는 인간으로 하나님의 완전한 생명으로 들어 가셨습니다. 만일 자신을, 하나님의 뜻을 행하고 고난을 당하는 종 이외에는 아무것도 아닌 것으로 여기는 무한한 겸손이 없었다면 예수님께서는 절대로 죽지 않으셨을 것입니다.

이상의 설명은 자주 질문되고 있지만 그 의미가 거의 명확하게 이해되고 있지 않은 "어떻게 자아에 대해 죽을 수 있는가?"라는 문제에 대한 해답을 우리에게 제시합니다. 자아의 죽음은 여러분의 일이 아닙니다. 자아의 죽음은 하나님께서 이루시는 역사입니다. 그리스도 안에서 여러분은 죄에 대해 죽었습니다. 여러분 안에 있는 생명은 죽음과 부활의 과정을 통과했습니다. 이제 여러분은 진실로 죄에 대해 죽었다고 확신할 수 있습니다. 그러나 여러분의 성격과 행동에서 이 죄에 대한 죽음이 완전하게 나타나는 것은 성령께서 그리스도의 죽으심의 권세를 전달하는 정도에 달려 있습니다.

여기에서 우리에게 다음과 같은 가르침이 필요합니

다. 그 가르침은 만일 그리스도의 죽음 안에서 그리스도와 완전한 교제 가운데 들어가서 자아로부터의 완전한 해방을 알기 원하면 자신을 낮추어야 한다는 것입니다. 이것은 여러분의 의무입니다.

완전히 무력한 자신을 하나님 앞에 맡기십시오. 자신을 죽이거나 살릴 수 없는 여러분의 무능력에 대해 진심으로 동의하십시오. 온유하고 인내하고 하나님을 신뢰하고 복종하는 마음으로 자신이 아무것도 아니라는 사실을 깊이 통감하십시오. 모든 굴욕을 받아들이고, 여러분을 괴롭히고 못살게 구는 사람들이 여러분을 겸손하게 하는 은혜의 수단으로 생각하십시오. 주위 사람들 앞에서 겸손할 수 있는 모든 기회를 하나님 앞에서 겸손할 수 있는 도움의 수단으로 사용하십시오.

하나님께서 여러분의 그러한 겸손을 여러분이 전심으로 겸손을 사모하는 증거, 겸손을 구하는 최선의 기도, 그리고 하나님의 놀라운 은혜의 역사를 위한 준비로 인정하실 것입니다. 그리고 성령의 강건케 하시는 능력으로 그리스도를 여러분 안에 완전하게 계시하심으로 그리스도의 종의 형태가 여러분 안에 진정으로 이루어지고, 그리스도께서 여러분의 심령에 거하시게 될 것입니다. 오직 이러한 죽음만이 완전한 겸손으로 인도할 수 있습니다.

여기에서 여러분은 겸손해지고 싶어하면서도 너무

겸손하게 되는 것을 두려워하는 사람들이 행하는 실수를 주의해야 합니다. 이들은 진정한 겸손은 어떤 것이고 어떤 일을 행하는가에 대해 너무나 많은 제한과 한계를 두며, 너무나 많은 이유를 붙이고 의심을 하기 때문에 절대로 무조건적으로 겸손할 수 없습니다. 이것은 참으로 주의해야 할 일입니다.

여러분은 죽기까지 겸손하십시오. 겸손은 자아의 죽음으로 완전해집니다. 보다 큰 은혜의 참된 체험, 헌신에 있어서의 진정한 진보, 그리스도의 형상을 본받음의 진정한 향상, 이 모든 일의 근저에는 하나님과 사람들 앞에서 우리의 성격과 습관의 변화도 증명을 하는 자아의 죽음이 반드시 존재합니다.

슬픈 일이지만 죽은 시늉이라는 것이 가능하고 가장 다정하게 보이는 사랑에도 많은 자아가 존재할 수 있습니다. 자신의 명예를 구하지 않고, 자신을 비우고, 종의 형태를 취하는 겸손보다 더 확실한 자아의 죽음을 나타내는 표적은 없습니다. 하나님의 어린양의 온유하고 다정한 겸손이 보이지 않고, 또한 그러한 겸손을 거의 구하지도 않으면서도 멸시와 버림을 받은 예수님, 그리고 예수님의 십자가를 지는 것에 대해 말하는 것은 가능합니다.

그러나 하나님의 어린양은 두 가지 의미를 갖고 있으니, 곧 온유와 죽음입니다. 우리는 이 두 가지 형태

■ ■ ■

하나님께서는 바울이 큰 계시를 받음으로 인하여 스스로 높아지지 않도록 하기 위하여 그의 육체에 가시를 주심으로 겸손을 유지하게 하셨습니다. 바울은 이 가시가 제해지기를 바라고 하나님께 세 번씩이나 그 가시가 떠나가게 해 주시기를 간구하였습니다.

하나님의 응답은 그 시련이 축복이라는 것이었습니다. 즉 약함과 겸손 가운데 주님의 은혜와 능력이 가장 잘 나타날 수 있다는 응답이었습니다. 그 즉시 바울은 그 시련과의 관계에 있어 새로운 단계로 들어갔습니다. 그는 단순하게 그 시련을 참는 대신 가장 기쁘게 그 시련을 영광으로 여겼고, 그 시련으로부터 해방되기를 구하는 대신 그 시련에서 즐거움을 얻었습니다. 그는 겸손의 자리가 축복과 능력과 기쁨의 자리라는 사실을 깨달았던 것입니다.

사실상 모든 그리스도인이 겸손을 추구할 때 이 두 가지 단계를 경험합니다.

처음에 그는 자신을 겸손하게 할 수 있는 모든 일들을 두려워하여 피하며 그 일들로부터 벗어나기를 구합니다. 아직 그는 어떠한 희생을 치르고라도 겸손을 구해야 한다는 사실을 깨닫지 못한 것입니다. 그는 겸손하라는 명령을 받아들이기는 합니다. 그리고 그 명령에 순종하려고 애를 쓰지만 자신이 철저하게 실패하고 만다는 사실만을 발견할 뿐입니다. 말로 표현하지는 않지만 그는 내심으로 자신을 겸손하게 하는 일들로부터 피할 수 있기를 더 많이 바라고 기도합니다. 아직 그는 겸손을 하나님의 어린양의 아름다움으로, 천국의 기쁨으로, 그리고 모든 소유를 팔아 사야 할 것으로 사랑하지 못하는 것입니다.

그는 겸손을 추구하고 겸손을 얻고자 기도하고 있지만 아직 부담감과 속박감을 느낍니다. 자신을 낮추는 일이 아직 그에게 자발적인 삶의 표현이 되지 않았고, 또한 본질적으로 겸손한 성품이 되지 않은 것입니다. 아직 겸손은 그의 기쁨과 유일한 즐거움이 되지 않은 것입니다. 그는 아직 "나는 내가 약한 것을 가장 기쁘게 자랑하며, 무엇이나 나를 겸손하게 하는 일에서 즐거움을 얻는다"라고 말할 수 없습니다.

그러면 우리는 이러한 겸손의 단계에 이르는 소망을 가질 수 있을까요?

무엇이 우리를 이 단계로 인도하는 것일까요?

바로 바울을 이러한 겸손의 단계로 인도한 주 예수 그리스도의 새로운 계시입니다. 오직 하나님의 임재하심만이 자아를 드러내어 몰아낼 수 있습니다. 바울은 깊은 진리를 깨달았는데, 곧 오직 예수님의 임재하의 하나님의 어린양을 받아들인다고 말해야 합니다. 하나님의 어린양 안에서 온유와 죽음은 분리될 수가 없습니다. 우리에게 있어서도 이 온유와 죽음은 분리되지 않아야만 합니다.

만일 우리가 이러한 일을 해야 한다면 얼마나 절망적이겠습니까?

은혜의 도움을 받는다고 해도 본성으로 본성을 극복하는 것은 절대로 불가능합니다. 중생한 사람도 절대로 스스로 자아를 몰아낼 수 없습니다. 그러므로 하나님을 찬양합시다. 왜냐하면 하나님에 의해 이 일은 이미 이루어지고 영원히 완전하게 완결되기 때문입니다.

예수님의 죽으심은 우리의 죽음을 단번에 영원히 이루셨습니다. 그리고 예수님께서는 승천하셔서, 즉 단번에 영원히 지성소에 들어가셔서 우리에게 성령을 보내주시고 능력 가운데 우리와 교통하심으로 예수님 자신의 죽으심으로 얻은 생명을 우리의 것이 되게 하셨습니다.

우리가 겸손을 추구하고 실천하면서 예수님의 발자취를 따를 때, 더 큰 겸손이 필요하다는 의식이 깨어나고, 열정과 소망이 일어나고, 믿음이 강건하여지고, 성령의 충만함을 사모하고 요청하고 받는 법을 깨닫게 됩니다. 그리하여 성령의 충만한 능력 가운데 매일 자아와 죄에 대해 죽음으로 겸손을 우리 삶을 지배하는 정신이 되게 할 수 있는 것입니다(부록 ❸을 보십시오).

> 그리스도 예수와 합하여 세례를 받은 우리는 그의 죽으심과 합하여 세례 받은 줄을 알지 못하느냐 … 너희도 너희 자신을 죄에 대하여는 죽은 자요 그리스도 예수 안에서 하나님께 대하여는 살아 있는 자로 여길지어다 … 또한 너희 지체를 불의의 무기로 죄에게 내주지 말고 오직 너희 자신을 죽은 자 가운데서 다시 살아난 자 같이 하나님께 드리며 너희 지체를 의의 무기로 하나님께 드리라 롬 6:3, 11, 13

그리스도인의 자아의식은 그리스도의 죽음을 본받는 정신에 의해 완전히 감화되고 그 정신을 특징으로 나타내야 합니다. 그는 언제나 자신을 그리스도 안에서 죽었다가 그리스도 안에서 살아난 자로, 그리고 주 예수 그리스도의 죽으심을 항상 몸에 지니고 다니는 자로 하나님 앞에 드려야 합니다. 그리스도인의 생활은 항상 두 가지 표적을 지녀야 합니다. 그중 한 가지는 진정한 겸손 가운데 뿌리를 예수님의 무덤, 자아와 죄에 대한 죽음까지 깊이 내리는 생활이고, 또 한 가지는 그리스도의 부활의 능력 가운데 머리를 예수님께서 계신 하늘까지 드는 생활입니다.

형제, 자매 여러분! 믿음으로 예수님의 죽으심과 예수님의 생명을 여러분의 소유로 선포하십시오. 자아와 자아의 역사로부터 안식하는 자리인 예수님의 무덤,

곧 하나님의 안식으로 들어가십시오. 자신의 영혼을 하늘 아버지의 손에 맡기신 그리스도와 같이 자신을 낮추고 매일 하나님께 온전히 의지하는 자리로 내려가십시오. 그러면 하나님께서 여러분을 높이시고 영화롭게 하실 것입니다.

매일 아침 예수님의 무덤에 깊이깊이 묻히십시오. 그러면 매일 예수님의 삶이 여러분에게 나타날 것입니다. 기쁘고, 즐겁고, 편안하고, 행복한 겸손으로 여러분이 분명하게 세례에서 그리스도와 함께 죽었다고 공언한 생득권을 삼으십시오.

히브리서 기자는 말했습니다.

> 그가 거룩하게 된 자들을 한 번의 제사로 영원히 온전하게 하셨느니라 히 10:14

그리스도의 겸손으로 들어간 영혼은 그리스도 안에서 자신을 죽은 자로 여기고 그리스도를 배우고 영접하여 겸손과 온유, 그리고 서로 사랑 가운데 오래 참음으로 행하게 될 것입니다. 이 죽음의 삶은 그리스도와 같이 온유와 겸손 가운데 나타나는 것입니다.

제11장 겸손과 행복

그러므로 도리어 크게 기뻐함으로 나의 여러 약한 것들에
대하여 자랑하리니 이는 그리스도의 능력으로 내게 머물게
하려 함이라 고후 12:9

심에 의해서만 우리 자신에게서 무엇인가를 구하는 모든 욕망이 제거되고 예수님을 더 완전하게 나타낼 수 있도록 우리를 준비시켜 주는 겸손을 우리가 즐거워할 수 있게 된다는 계시였습니다. 겸손은 우리에게 예수님의 임재와 능력을 경험하게 함으로 우리가 겸손을 최고의 축복으로 여기는 자리에까지 인도합니다. 이제 우리는 바울의 생애를 통하여 우리에게 가르쳐 주는 교훈들을 배워 보도록 합시다.

우리 주위에는 믿음에 앞선 신자, 뛰어난 지도자, 깊은 체험을 한 사람이지만 아직 자신의 약한 것을 자랑할 수 있을 만큼 완전한 겸손의 교훈을 충분히 터득하지 못한 사람들이 있을 것입니다. 우리는 이 사실을 바울에게서 볼 수 있습니다. 자신을 높이는 교만의 위험은 그에게 매우 가까이 있었습니다. 아직 그는 자신이 무(無)가 되는 것이 무엇인지, 오직 그리스도께서만이 그 안에서 사시도록 자신은 죽는 것이 무엇인지, 자신을 낮추는 모든 것들에서 기쁨을 얻는 것이 무엇인지 알지 못했습니다.

따라서 바울이 배워야 할 최고의 교훈은 자신을 비움에 있어 주님을 온전히 닮아 자신의 약한 것을 자랑하고 하나님께서 모든 것이 되시도록 하는 것이었습니다.

신자가 배워야 할 최고의 교훈은 겸손입니다. 거룩

함에 있어 향상하고자 하는 모든 그리스도인이 이 교훈을 잘 기억한다면 얼마나 좋겠습니까! 열정적인 헌신과 뜨거운 열심과 놀라운 체험이 있을지라도 주님께서 특별한 섭리로 보호해 주시지 않는다면 자기도 모르는 새에 이 모든 것이 자신을 높이는 교만이 될 수 있습니다. 그러므로 우리는 최고의 거룩함이 가장 깊은 겸손이라는 교훈을 배워야 하며, 이러한 겸손은 저절로 생겨나는 것이 아니라 우리의 미쁘신 주님과 신실하신 성령의 특별한 섭리에 의해 이루어진다는 사실을 기억해야 합니다.

이제 우리는 바울의 경험에 우리 자신의 생활을 비추어 봅시다.

우리는 우리의 약함을 기쁘게 자랑하고 있습니까?

바울이 한 것처럼 비방과 궁핍과 환난 중에 즐거워합니까?

자신에게 물어 봅시다.

우리는 정당한 것이든지 부당한 것이든지 책망을 받을 때, 친구나 적이 우리를 비난할 때, 다른 이들이 주는 위해나 고통이나 환난을 당할 때, 바로 이때가 예수님께서 우리의 모든 것이 되시고, 우리의 쾌락이나 명예는 아무것도 아니고, 오직 겸손만으로 우리가 즐거워한다는 것을 증명하는 기회로 받아들이는 법을 터득했습니까?

자아로부터 완전히 자유로워짐으로 우리에게 무슨 말을 하든지, 무슨 일이 행해지든지 예수님께서 모든 것이 되신다는 생각 속에 사라지고 매몰되어 버린다면 그것은 진실로 축복이며 천국의 깊은 행복입니다.

바울을 인도하셨던 그 주님께서 우리도 인도하실 것을 믿고 주님을 의지합시다. 바울은 천국에서 들었던, 말로 할 수 없이 귀한 일들보다도 더 귀한 것 - 연약하고 비천한 중에서 자랑하는 것 - 을 배우기 위해 특별한 훈련과 함께 특별한 교육이 필요했습니다. 우리도 역시 이 훈련과 교육을 필요합니다. 진실로 매우 많이 필요합니다.

바울에게 관심을 갖고 돌보셨던 그 주님께서는 우리에게도 관심을 갖고 돌보실 것입니다. 주님께서는 열심과 사랑의 관심을 가지고 "우리가 교만해지지 않도록" 감시하십니다. 우리가 교만해질 때 주님께서는 우리가 그 악을 발견하도록 하시고 그 악으로부터 우리를 구원하십니다. 우리가 주님의 은혜가 우리의 모든 것임을 배우고 우리를 낮추는 일들을 즐거워하게 될 때까지 주님께서는 우리를 시련과 약함과 환난 가운데로 인도하여 우리를 겸손하게 만드십니다.

우리의 연약함 중에서 완전해지는 주님의 능력과 우리의 빈 마음을 채우사 만족하게 하시는 주님의 임재는 절대 실패하지 않는 겸손의 비결이 됩니다. 이로써 우리는 우리 안에서 우리를 통해 일하시는 하나님의 역사를 온전히 바라보며 바울과 같이 "내가 아무것도 아니나 지극히 큰 사도들보다 조금도 부족하지 아니하니라"고후 12:11고 말할 수 있습니다. 바울은 많은 굴욕을 받음으로 결국 진정한 겸손의 자리에 이르렀고, 이와 함께 자신을 낮추는 모든 일들에서 놀라운 기쁨과 영광과 희락을 얻을 수 있게 되었습니다.

> 나에게 이르시기를 내 은혜가 네게 족하도다 이는 내 능력이 약한 데서 온전하여짐이라 하신지라 그러므로 도리어 크게 기뻐함으로 나의 여러 약한 것들에 대하여 자랑하리니 이는 그리스도의 능력이 내게 머물게 하려 함이라 고후 12:9

겸손한 사람, 바울은 드디어 영원한 기쁨의 비밀을 배웠습니다. 그는 자신의 약함을 느낄수록 더욱 낮은 데 처했고, 그의 굴욕이 클수록 그리스도의 능력과 임재하심은 더욱 그의 소유가 되었습니다. 그래서 그는 마침내 "내가 아무것도 아니라"고 고백하였고, "내 은혜가 네게 족하다"라는 주님의 말씀은 더욱 깊은 기쁨을 주었습니다.

나는 지금까지 말한 내용을 다시 총괄하여 두 가지 교훈으로 정리하고자 합니다. 즉 교만의 위험은 우리가 생각하는 것보다 크고 가까이 있으며, 겸손의 은혜도 역시 우리가 생각하는 것보다 크고 가까이 있다는 것입니다. 교만의 위험은 우리가 생각하는 것보다 더 크고 더 가까이 있습니다. 특별히 우리가 가장 높은 은혜를 체험할 때 위험합니다. 자신의 입술의 말을 사모하며 경청하는 회중 앞에서 신령한 진리를 설교하는 설교자, 거룩한 강단 위에서 천국 생활의 비밀들을 해설하는 유능한 부흥강사, 복된 체험을 간증하는 그리스도인, 승리의 기쁨에 넘쳐 많은 사람에게 축복과 기쁨을 전하는 복음전도자, 이들도 은밀한, 의식하지 못하는 위험에 노출되어 있을지 모르는 일입니다.

바울도 알지 못하는 사이에 위험 중에 있었습니다. 예수님께서 그를 위하여 행하신 일은 우리가 자신의 위험을 알고 우리의 유일한 안전책을 알도록 경고하기 위해서 기록되었습니다. 만일 이 기록이 거룩을 가르치는 교사, 또는 거룩을 고백하는 사람이면서 자아로 가득차고 자신이 설교하는 바를 자신은 실행하지 아니하고 축복을 받고도 더 겸손해지거나 더 온유해지지 않는 사람에 대해서만 말하는 것이라면 우리가 더 이상 이에 대해 말할 필요가 없을 것입니다.

겸손의 은혜도 우리가 생각하는 것보다 더 크고 더 가까이 있습니다. 예수님의 겸손은 우리의 구원입니다. 예수님 자신께서 우리의 겸손이십니다. 우리의 겸손은 예수님의 돌보심이고 예수님의 역사입니다. 예수님의 은혜는 우리에게도 족하여 교만의 유혹을 물리치게 합니다. 예수님의 강하심은 우리가 약할 때에 완전해집니다. 그러므로 우리는 약하고, 낮고, 아무것도 아닌 것이 되도록 합시다.

겸손으로 우리의 기쁨과 즐거움을 삼읍시다. 약함 중에서, 그리고 우리를 겸손하게 하고 비천하게 하는 모든 일 중에서 기쁘게 자랑하고 즐거워합시다. 왜냐하면 그리스도의 능력이 우리에게 거하실 것이기 때문입니다. 그리스도도 자신을 낮추심으로 하나님께서 그를 높이셨습니다. 그 그리스도께서 우리를 겸손하게 하시고 겸손을 지속하게 하실 것입니다.

진심으로 우리를 겸손하게 하는 모든 일들에 동의하고 믿음과 기쁨으로 받아들입시다. 왜냐하면 그리스도의 능력이 우리에게 거하실 것이기 때문입니다. 우리는 가장 깊은 겸손이 가장 참된 행복이고 무엇으로도 멸할 수 없는 기쁨이라는 사실을 발견할 것입니다.

제12장 겸손과 영광

자기를 낮추는 자는 높아지리라 눅 14:11

주 앞에서 낮추라 그리하면 주께서 너희를 높이시리라 약 4:10

그러므로 하나님의 능하신 손 아래서 겸손하라
때가 되면 너희를 높이시리라 벧전 5:6

■ ■ ■

바로 어제 나는 "어떻게 교만을 이길 수 있을까요?"라는 질문을 받았습니다. 그 대답은 간단합니다. 두 가지가 필요합니다.

첫째, 하나님께서 여러분의 일이라고 말씀하시는 바를 행하십시오. 그것은 자신을 낮추는 것입니다.
둘째, 하나님께서 하나님 자신의 일이라고 말씀하시는 바를 하나님께서 행하시도록 의뢰하십시오. 그러면 하나님께서 여러분을 높이실 것입니다.

여기의 명령은 명확합니다.
"자기를 낮추라."
이 명령은 본성인 교만을 정복하여 내어쫓고 여러분 안에 거룩하신 예수님의 겸손을 이루는 것이 여러분이 해야 할 일이라고 말하는 것이 아닙니다. 그 일은 하나님의 일입니다. 이 일은 하나님께서 여러분을 사랑하시는 독생자와 진실로 닮는 자리까지 높이시는 역사의 핵심입니다. 이 명령이 의미하는 바는 "하나님과 사람들 앞에서 자신을 낮추는 모든 기회를 놓치지 말라"는 것입니다.

우리는 이미 우리 안에서 역사하고 있는 믿음 안에서, 승리를 위한 더 큰 은혜의 확신 가운데, 그리고 순간순간 마음의 교만과 교만의 활동을 비춰 주는 빛에 따라 생활하고 있지만, 그럼에도 불구하고 실패와 타락의 위험이 존재하고 있습니다. 그러므로 이 불변의 명령 아래 굳건히 서서 자신을 낮추어야 합니다.

하나님께서 마음속에서 또는 외부에서, 친구나 적을 통해, 자연이나 은혜를 통해, 여러분의 겸손의 필요성을 상기시켜 주시고, 여러분이 겸손할 수 있도록 도와주심을 감사함으로 받아들이십시오. 겸손은 진실로 모든 덕의 어머니이고, 하나님 앞에서 우리의 첫째되는 의무로, 영원한 우리 영혼의 도피성으로 여기고, 여러분의 심령을 이 모든 축복의 근원인 겸손에 고정시키십시오. 하나님의 약속은 확실합니다.

"자기를 낮추는 자는 높아지리라."

하나님께서 요구하시는 이 한 가지 일을 이루십시오.

"자신을 낮추라."

그러면 하나님께서도 자신이 약속하신 한 가지 일을 이루실 것입니다. 하나님께서는 더 많은 은혜를 주시고, 때가 이르면 여러분을 높이실 것입니다.

하나님께서 인간을 다루시는 모든 방법은 두 가지 단계로 특징지어집니다.

첫째, 준비의 단계가 있습니다. 준비의 단계는 하나님께서 명령과 약속으로 사람들을 일깨우고 교육하고 훈련시키시는 때입니다. 이때에 사람들은 거룩하고 더 나은 그 무엇인가에 대한 기대감을 갖고 노력과 자신의 무능, 실패와 부분적인 성공이 뒤섞인 경험을 합니다.

둘째, 성취의 단계가 옵니다. 이때에 성도들은 믿음으로 약속들을 유업으로 받고 수없이 헛된 노력을 하며 얻으려고 애쓰던 것을 드디어 소유하고 즐거워하게 됩니다. 이 법칙은 그리스도인의 모든 삶에 적용되며, 다른 모든 기독교의 덕을 추구하는 데에도 역시 적용됩니다. 우리의 구원과 관련된 모든 일에 있어 주도권은 하나님께 있고 또한 하나님께 있어야 합니다. 하나님의 주도권이 이루어졌을 때 비로소 인간의 차례가 옵니다.

인간은 하나님께 순종하고 구원을 얻으려고 할 때 자신의 무능을 알아야 하며, 자신에 대하여 절망하고 자신에 대하여 죽어야 하며, 처음에는 알지 못하고 하나님께로부터 받았던 것을 완전히 깨닫고 지혜롭게 받아들여야 합니다. 그리하여 처음에는 하나님의 뜻을 바르게 알지 못하고 완전히 이해하지 못했으나 나중에는 하나님께서 만유가 되신다는 것을 알고 하나님의 뜻을 사모하고 받아 들이게 되는 것입니다.

겸손을 추구함에 있어서도 같습니다. 모든 그리스도

인에게 주어지는 "자신을 낮추라"는 명령은 하나님의 보좌로부터 오는 것입니다. 그러나 이 명령을 청종하고 순종하려는 성실한 시도는 다음과 같은 두 가지 고통스러운 깨달음으로 보상될 것입니다. 그 첫 번째 보상은, 아무도 알지 못하는 뿌리 깊은 교만 즉 자기를 낮추기 싫어하고, 내세우기만 좋아하고, 하나님께 완전히 복종하기를 싫어하는 깊은 교만이 자신에게 있다는 것을 깨달음이고, 두 번째 보상은, 이 괴물을 제거하려는 우리의 모든 노력이나 하나님의 도움을 구하는 우리의 모든 기도가 얼마나 무력한가를 깨닫게 되는 것입니다.

소망을 하나님께 두고 자기 안에 있는 교만의 모든 방해에도 불구하고 하나님과 사람 앞에서 꾸준히 겸손하게 행하는 사람은 복있는 사람입니다. 우리는 인성의 법칙을 압니다. 인간의 행위는 습관을 낳고, 습관은 성질이 되고, 성질은 의지를 형성합니다. 이렇게 하여 형성된 의지가 인격입니다.

이 법칙은 은혜의 역사에 있어서도 다르지 않습니다. 즉 끊임 없이 반복되는 행동이 습관과 성질이 되고, 그 습관과 성질이 의지를 강화할 때, 의지와 행동에 역사하시는 하나님께서 권능과 성령으로 임하시고 하나님 앞에서 겸손하게 오만한 마음을 회개하고 내어버린 그리스도인은 더 깊은 겸손한 심령의 은혜로 보상을 받게 됩니다. 그리고 그 심령에서 예수님의 성령께서는 승리를 거두고 새로운 본성을 성숙시키시고 이제 온유하고 겸손한 주님께서 영원히 거하시게 됩니다 (부록 ❹를 보십시오).

주님 앞에서 자신을 낮추십시오. 그러면 주님께서 여러분을 높이실 것입니다.

이 높임은 어디에서 이루어지는 것일까요?

피조물의 가장 큰 영광은 하나님의 영광을 받아 즐거워하며 선포하는 그릇이 되는 것뿐입니다. 이런 그릇이 되려면 오직 하나님께서 모든 것이 되시도록 기꺼이 자신은 아무것도 아니라고 인정해야 합니다. 물은 항상 낮은 곳으로부터 먼저 채워집니다. 사람도 하나님 앞에서 더 낮아지고 더 빈 그릇이 될수록 하나님의 영광은 더 빠르게, 그리고 더 충만하게 흘러 넘칠 것입니다.

하나님께서 약속하신 높이심은 하나님과 무관한 어떤 외형적인 것이 아니며, 또한 그런 것일 수 없습니다. 하나님께서 우리에게 주셔야 하는, 또한 하나님께서 주실 수 있는 모든 것은 오직 자신을 더 많이 주시는 것, 즉 하나님 자신을 더 완전하게 소유하도록 하시는 것입니다.

하나님의 높이심은 세상의 상과 같이 상을 받는 행동과 필수적인 연관이 없는 독단적인 것이 아닙니다.

그렇습니다. 하나님의 높이심은 그 본질에 있어 우리 자신의 겸손의 효과이며 결과입니다. 하나님의 높이심은 바로 신령한 겸손이 우리 안에 거하게 하시는 은사이니, 곧 우리로 하여금 하나님의 어린양의 겸손을 닮고 소유하도록하여 하나님의 임재를 충만히 받기에 합당하게 하는 은사입니다.

"주 앞에서 낮추라 그리하면 주께서 높이시리라."

이 진리의 말씀의 증거는 예수님 자신이시고, 이 말씀의 확실한 성취의 보장도 예수님 자신이십니다. 우리 예수님의 멍에를 메고 예수님께 배웁시다. 왜냐하면 예수님께서는 마음이 온유하고 겸손하기 때문입니다. 예수님께서 우리에게 낮추신 것처럼 우리도 기쁘게 예수님에게 낮춘다면, 예수님께서는 다시 우리에게 낮추실 것이고 우리는 예수님과 함께 멍에를 메는 것이 쉽다는 것을 알게 될 것입니다.

우리가 예수님의 겸손과 더 깊은 관계를 갖고 자신을 낮출 때 우리는 예수님의 겸손의 정신, 하나님의 성령과 영광이 우리에게 거하심을 알게 될 것입니다. 영광을 받으신 그리스도의 임재와 능력은 겸손한 심령의 소유자들에게 임합니다. 하나님께서는 다시 우리 안에 자신의 적법한 자리를 차지하실 수 있으실 때 우리를 높이실 것입니다.

자신을 낮춤으로 하나님의 영광을 여러분의 주요 관

심사로 삼으십시오. 그러면 하나님께서는 여러분의 겸손을 완전하게 하시고 여러분의 삶 전체에 예수 그리스도의 정신을 불어넣으심으로 여러분의 영광을 자신의 관심사로 삼으실 것입니다. 하나님의 충만하고 풍성한 생명이 여러분을 사로잡을 때 우리의 자아는 자연스럽고 즐겁게 사라지고 자신에 대한 생각과 바람도 사라질 것입니다. 왜냐하면 하나님께서 모든 것을 점령하고 모든 것을 채우시기 때문입니다.

> 그러므로 도리어 크게 기뻐함으로 나의 여러 약한 것들에 대하여 자랑하리니 이는 그리스도의 능력이 내게 머물게 하려 함이라 고후 12:9

형제, 자매 여러분!

여기에서 우리는 우리의 헌신과 우리의 믿음이 거룩함을 추구함에 있어 거의 소용이 없는 이유를 알게 됩니다. 자아와 자아의 권세가 믿음이라는 이름으로 거룩함을 추구하였던 것입니다. 하나님을 찾는 이유가 자아와 자아의 행복을 위함이었습니다. 영혼은 비록 무의식적이지만 분명히 자아를 좋아하고 인위적인 거룩을 좋아했습니다.

우리는 절대적이고 지속적인 겸손, 그리스도를 닮은 겸손과 자기 부정, 하나님과 함께하는, 그리고 사람과 함께하는 우리의 삶 전체를 지배하고 특징 짓는 겸손이 우리가 추구하는 거룩한 삶의 가장 필수 요소라는 사실을 전혀 알지 못했습니다.

  나의 자아가 사라지는 것은 오직 하나님께서 나를 온전히 소유하실 때뿐입니다. 작은 먼지가 나부끼고 있는 것이 보이는 것은 밝은 햇빛이 거기에 비취기 때문입니다. 이와 마찬가지로 겸손은 하나님의 임재 가운데 우리가 하나님의 사랑이라는 햇빛 속에서 존재하는 티끌에 지나지 않는다는 것을 깨닫는 것입니다.

> 너무나도 위대하신 하나님!
> 너무나도 작은 나여,
> 나는 하나님의 무한한 사랑 속에 사라지고
> 오직 하나님만이
> 존재하시나이다
>
> 하나님!
> 우리로 하여금
> 하나님의 임재하심 앞에서 겸손하고
> 아무것도 되지 않는 것이
> 그리스도인의 삶에서 가장 고귀한 업적이며
> 가장 충만한 축복이라는 사실을
> 믿도록 깨우치소서.

하나님께서는 우리에게 이렇게 말씀하십니다.

> 내가 높고 거룩한 곳에 있으며 또한 통회하고 마음이 겸손한 자와 함께 있나니 이는 겸손한 자의 영을 소생시키며 통회하는 자의 마음을 소생시키려 함이라 사 57:15

나로 더 비어지고 더 낮아지게 하소서!
비천하여 아무도 주목하지 않고,
아무도 알아주지 않는 자가 되어도,
그리스도로, 오직 그리스도만으로 채워진,
하나님의 더 거룩한 그릇이 되게 하소서

부록

❶ 이 모든 사실은 교만이 가장 고귀한 천사들을 마귀의 신분으로 떨어뜨릴 수 있고, 반면에 겸손은 타락한 인간을 천사의 자리로 끌어올릴 수 있다는 영원한 진리를 알게 해 줍니다.

하나님의 위대한 목적은 타락한 천사의 나라에서 새로운 피조물을 천국으로 올리시는 것이고, 이 목적을 위하여 하나님의 어린양의 겸손이 타락한 천사들의 정욕과 교만과 맞서 싸우고 있는 것입니다. 그리고 마침내 마지막 승리의 나팔 소리가, 악의 근원은 교만이고 오직 겸손으로만 악을 이길 수 있다는 위대한 진리를 영원토록 선포할 것입니다.

여기에서 우리는 "우리 속에 있는 교만이 반드시 죽어야 천국이 우리 것이 될 수 있다"는 진리를 기억해야 합니다. 이 진리의 깃발 아래에서 여러분은 자신을 거룩하신 예수님의 온유하고 겸손한 정신 앞에 바치십시오. 반드시 겸손의 씨를 뿌려야 합니다. 그렇지 않으면 천국에서 아무것도 거둘 것이 없습니다.

교만을 하나의 부적당한 성격으로 보지 마십시오. 또한 겸손을 예절들 중의 한 가지로 보지 마십시오. 왜냐하면 교만은 사망과 지옥이며 겸손은 생명과 천국이

기 때문입니다. 여러분 안에 교만이 존재하는 만큼 여러분은 살아 역사하는 마귀들을 소유하고 있는 것이고, 여러분이 진정으로 겸손한 만큼 하나님의 어린양이 여러분 안에 계십니다.

만일 여러분이 여러분 안에서 활동하는 교만이 여러분의 영혼에 어떤 해를 끼치고 있는지 볼 수 있다면 여러분은 손이나 눈 하나를 잃더라도 그 독사를 떼어내 달라고 필사적으로 애걸할 것입니다. 그리고 여러분이 만일 겸손이 갖고 있는 달콤하고, 신령한 능력을 볼 수 있다면, 여러분의 본성의 독을 제거하고 하나님의 성령이 거하실 처소를 마련하는 능력을 볼 수 있다면, 겸손을 조금이라도 잃는 것보다는 차라리 세상에서 가장 비천한 자가 되기를 바랄 것입니다(*Spirit of Prayer*, Pt. II, p. 73, Edition of Moreton, Canterbury, 1893.)

❷ 우리는 다음 두 가지 사실을 알아야 할 필요가 있습니다.

첫째, 우리의 구원이란 자아 또는 본성으로부터 해방되는 것이라는 사실과

둘째, 자연 만물 중에 우리의 구원이 될 수 있는 것은 오로지 말로 다 표현할 수 없는 하나님의 겸손 외에는 없다는 사실입니다.

그러므로 구주께서 타락한 인간들에게 제시한 첫 번째 불변의 조건은 자신을 부인하지 않는 자는 주님의 제자가 될 수 없다는 것이었습니다. 자아는 타락한 본성이 갖고 있는 모든 악을 대표합니다. 자기 부인은 구원의 비결입니다. 겸손은 우리의 구원입니다. 자아는 타락한 인간의 모든 죄악이라는 나무의 뿌리이며, 가지이며 나무 자체입니다. 타락한 천사들과 인간들의 모든 악은 자아의 교만에 그 기원을 갖고 있습니다. 반면에 천국의 모든 미덕의 근원은 겸손입니다. 천국과 지옥의 넘을 수 없는 심연을 구분짓고 있는 것이 바로 겸손입니다.

영생을 위한 대투쟁이란 무엇입니까?

교만과 겸손 간의 전투입니다. 교만과 겸손은 인간을 영원히 소유하기 위해 싸우는 두 개의 지배 세력이며, 두 개의 왕국입니다. 겸손은 과거에나 미래에나 한 가지밖에 없으니, 곧 그리스도의 겸손입니다. 인간이 그리스도에게서 겸손을 얻을 때까지 교만과 자아가 모든 인간을 지배하고 있습니다. 그러므로 우리는 아담에게서 받은 우상적인 본성-자아-을 생명을 주시는 그리스도의 초자연적인 겸손으로 죽이기 위한 선한 싸움을 싸워야 합니다.(W. Saw, *Address to the Clergy*, p. 52., 나는 이 성령의 법에 대한 책이 금년 내에 출판될 수 있기를 바랍니다.)

❸ 자아에 대해 죽는 것, 또는 자아의 권세로부터 벗어나는 것은 혈육의 힘으로는 아무리 우리가 적극적인 저항을 할지라도 되지 않고, 될 수도 없습니다. 자아를 죽이는 단 한 가지 방법은 인내와 온유와 겸손과 하나님께 대한 복종에 의한 방법뿐입니다. 이것이 자아에 대해 죽는 완벽한 길입니다.

만일 내가 여러분에게 하나님의 어린양이 무엇을 의미하냐고 묻는다면 분명히 여러분은 완전한 인내와 온유와 겸손과 하나님께 대한 복종이라고 대답하지 않겠습니까?

그리고 이러한 덕들을 사모하여 그리스도께 열심을 다하고 그리스도에게 자신을 드리고 그리스도를 믿는다고 말하지 않겠습니까?

인내와 온유와 겸손과 하나님께 대한 복종에 몰두하는 여러분의 마음의 성향이란 여러분 자신과 여러분이 타락한 아담에게서 받은 모든 것을 진정으로 포기하는 것이기 때문에 여러분은 그리스도를 따르기 위해 여러분이 갖고 있는 모든 것을 완전히 버려야 합니다. 이것이야말로 그리스도를 믿는 믿음의 가장 고귀한 행동입니다.

그리스도께서는 바로 이런 덕성들이 있는 곳에 계십니다. 그리스도께서는 이런 덕성들이 있는 곳을 자신의 왕국으로 삼으십니다. 여러분이 따르는 그리스도께 이 왕국을 마련해 드립시다.

타락한 인간이 하나님의 능력과 긍휼에 인내와 겸손으로 복종하며 모든 자아를 죽이기 원하고 죽이기로 결심하고 선택할 때까지 그에게 하나님의 사랑의 영은 존재할 수 없습니다.

우리는 우리의 영혼에 이 하늘의 덕성들을 전할 수 있는 능력을 갖고 계신 유일한 분이신, 온유하시고 겸손하시고 인내하시고 고난을 당하신 하나님의 어린양의 공로를 의지하여 구원을 얻습니다. 우리의 영혼에 이 온유하시고 겸손하시고 인내하시고 복종하신 하나님의 어린양이 탄생하지 않으면 구원은 불가능합니다. 하나님의 어린양이 우리의 영혼에 온유와 겸손과 하나님께 대한 완전한 복종을 탄생시키는 그날이 우리 영혼에 사랑의 영이 탄생하는 날입니다. 그날이 언제이건 간에 그날이야말로 하나님 안에 있는 평화와 기쁨으로 우리 영혼을 위한 잔치를 베푸는 날이며, 우리가 전에 평화나 기쁨이라고 칭했던 것이 기억에서 지워지는 날입니다.

하나님께로 나아가는 이 길은 무오한 길입니다. 이 무오성은 우리 주님의 두 가지 특성에 근거합니다.

첫째, 주님께서는 영혼의 모든 온유와 겸손의 원리이신 하나님의 어린양이십니다.

둘째, 주님께서는 하늘의 빛이시며, 우리의 영혼에

영원한 축복을 주심으로, 천국으로 변화시키십시오. 즉 우리가 하나님께 온유하고 겸손하게 복종함으로 우리 영혼에 안식을 얻고자 할 때 주님께서는 기쁘게 하나님과 천국의 빛으로 우리에게 임하사 우리의 어두움을 빛으로 바꾸시고, 우리 안에 끝없는 하나님의 사랑의 왕국을 펼치기 시작하십니다. See Wholly for God(이 구절은 주의 깊게 연구해 볼 가치가 있습니다. 왜냐하면 이 구절은 하나님 앞에서의 겸손에 끊임없이 몰두하는 것이 인간의 편에 있어 유일하게 자아를 죽이는 유일한 방법이라는 사실을 가장 훌륭하게 말하고 있기 때문입니다).*

❹ 가장 귀한 비결 – 참된 기도의 핵심인 겸손 – 우리의 영혼이 새로워지기까지, 모든 세상의 욕망을 버리고 참된 기도의 정신인 하나님을 찾는 기아와 갈증이 습관이 되기까지, 그때까지 우리의 모든 기도는 – 다소 차이는 있을지 몰라도 – 학생들의 수업과 너무나도 흡사할 것입니다. 즉 우리는 하지 않을 수 없기 때문

---

* 이 토론 전체는 Dying to Self: A Golden Dialogue, by William Law, with Notes by A.M. (Nisbet & Co.,)라는 제목으로 별도로 출판되었습니다. 겸손을 연구하고 실천하려고 하는 모든 사람은 우리의 겸손을 방해하는 것이 무엇인지, 우리가 어떻게 그 방해로부터 해방될 수 있는지, 그리고 하나님의 온유하시고 겸손하신 어린양 그리스도께서 겸손한 사람들에게 주시는 사랑의 영의 축복이 무엇인지 이 황금의 대화에서 발견하게 될 것입니다.

에 어쩔수 없이 기도를 하는 것이라고 말할 것입니다. 그러나 실망하지 말고 다음의 권고를 받아들이십시오. 그러면 여러분은 입술로만 하는 봉사, 또는 위선의 위험 없이 교회에 다닐 수 있을 것이고, 여러분의 마음의 생각과는 거리가 먼 찬송과 기도를 하지 않을 수 있을 것입니다.

이렇게 하십시오.

교회에 갈 때 누가복음 18장의 세리가 성전에 올라갈 때처럼 가십시오. 그리고 세리가 감히 눈을 들어 하늘을 우러러 보지도 못하고 다만 "하나님이여, 불쌍히 여기옵소서 나는 죄인이로소이다"라고밖에 말할 수 없었던 그 표현을 여러분의 마음가짐으로 가지십시오. 적어도 마음의 바람에 있어 이러한 심령 상태를 변함없이 유지하십시오.

그러면 여러분의 입에서 나오는 모든 간구가 거룩하여질 것입니다. 그리고 이 세리의 심령에 더욱 깊이 잠기는 것을 습관화한다면 여러분의 생각과는 달리 너무 거룩하게 여겨지는 성경을 읽거나 찬송을 부르거나 기도를 드릴 때, 여러분은 그 성경 말씀과 찬송과 기도에 의해 은혜와 축복을 받을 것입니다.

친애하는 여러분!

이것이 가장 귀한 비결입니다. 이 비결은 여러분이 심지 아니한 것을 거둘 수 있게 도와 주고, 여러분의 영혼에 끊임없는 은혜의 샘이 흐르게 해 줄 것입니다. 만일 여러분이 이 겸손한 마음의 상태를 유지한다면 여러분의 내부에서 일어나는 일이나, 외부에서 일어나는 일이나 모두 여러분께 실제적인 유익이 될 것입니다. 왜냐하면 겸손한 영혼에게는 헛된 일이니 유익이 없는 일이 없기 때문입니다.

겸손한 영혼은 항상 거룩한 성장을 합니다. 거룩한 영혼에 일어나는 모든 일은 마치 천국의 이슬과도 같습니다. 그러므로 이 겸손의 형태에 깊이 들어가십시오. 여기에 모든 선한 것이 들어 있습니다.

겸손은 타락한 영혼의 정욕의 불을 끄고 온유하고 거룩한 생활로 바꾸어 주는 하늘의 물이며 하나님과 사람을 향한 사랑의 불을 타오르게 하는 하늘의 기름입니다. 그러므로 항상 겸손으로 울타리를 삼아 그 안에 거하십시오. 겸손으로 여러분이 항상 입고 다니는 옷을 삼고 허리에 두르는 허리띠를 삼으십시오. 오직 겸손으로 호흡하고, 오직 겸손의 눈으로만 보고, 오직 겸손의 귀로만 들으십시오.

그러면 여러분이 교회 안에 있든지 교회 밖에 있든지, 하나님을 찬양하는 찬송을 듣든지, 세상 사람들의 욕을 듣든지, 모든 것이 덕을 세우는 것이 되고, 거룩한 생활 가운데 여러분이 성장하는 데 도움이 될 것입니다(*The Spirit of Prayer*, Pt. 11, p. 121.).

겸손을 위한 기도

■ ■ ■

여기에서 나는 여러분에게 겸손이라는 진리에 적용되는 매우 확실한 표준을 한 가지 제시하고자 합니다. 그 표준은 이러한 것입니다.

한 달 동안만 모든 세상적인 이야기를 하지 마십시오. 자신에 관한 내용은 쓰지도 말고 읽지도 말고 토론도 하지 마십시오. 전에 하던 마음의 모든 생각과 궁리를 끊어 버리십시오. 그리고 그 한 달 동안 마음의 모든 힘을 다 바쳐서 가능한한 쉼없이 다음과 같은 기도를 하나님께 드리십시오. 수시로 무릎을 꿇고 이 기도를 드리되, 앉아 있을 때나, 걸어 갈 때나, 서 있을 때나 항상 마음속으로 사모하며 진실하게 이 기도를 하나님께 드리십시오.

> 하나님 아버지, 크신 은혜로 저에게 제 안에 있는 모든 종류와 형태의 교만을 알게 하소서. 그리고 그 교만이 작든지 크든지, 악령들에게서 오는 것이든지 저 자신의 부패한 본성에서 오는 것이든지 저의 마음에서 도말하여 주옵소서. 그리고 하나님의 빛과 성령을 받을 수 있도록 가장 깊은 죽음과 겸손의 진리를 저에게 일깨워 주옵소서.

마음 가장 깊은 곳으로부터 이 문제를 놓고 기도하며 기다리는 것 외에 모든 생각을 물리치십시오. 마치 고통 중에 있는 사람이 그 고통으로부터 벗어나기를 바라며 기도하는 것같이 진정으로 간절히 기도하십시오. 만일 여러분이 이 기도에 진실과 성의를 다해 자신을 바칠 수 있고 또한 자신을 바치고자 한다면, 막달라 마리아에게 들어갔던 마귀들보다 배나 더 많은 마귀들이 여러분에게 붙어 있을지라도 모두 쫓겨날 것이고, 여러분은 막달라 마리아와 같이 거룩하신 예수님의 발을 사랑의 눈물로 적시지 않을 수 없게 될 것이라고 나는 담대하게 단언합니다(*The Spirit of Prayer*, Pt. 11, p. 124.).